한 그루의 나무가 모여 푸른 숲을 이루듯이
청림의 책들은 삶을 풍요롭게 합니다.

3년 후,
내 아이를 위한
특별한 기록

하루 한 줄 인문학

Q&A
Diary

김종원
지음

청림Life

여는 글

우리는 앞으로 3년 동안 이 한 권의 다이어리를 사용해 근사한 지적 여행을 떠날 예정입니다. 3년이라는 시간이 필요한 이유는 같은 질문에도 내면의 깊이와 마음 상태에 따라 전혀 다른 답이 나올 수 있기 때문이에요. 그렇습니다. 《하루 한 줄 인문학 Q&A Diary》는 부모와 아이가 함께 만드는, 우리만의 일상을 기록한 역사입니다. 그 멋진 기록을 시작하기 전, 다음 세 가지만 기억해 주세요.

"반드시 길게 쓸 필요는 없다."
"하루치 모든 질문에 답할 필요도 없다."
"다만 매일 잊지 말고 쓰자."

아이도 부모도 부담 없이 매일 인문학적 삶을 실천할 수 있도록 이 책에 365개의 서로 다른 질문을 실었습니다. 앞으로 나올 질문들은 조금은 어려울 수도 있습니다. 그렇다고 "이 질문은 어려우니까 넘어가자." 하고 아이의 가능성을 재단하지는 마세요. 그건 아이가 성장할 수 있는 기회를 미리 차단하는 것과 같으니까요.

한 줄의 짧은 문장이라도 아이가 스스로 꾸준히 기록하는 것이 중요합니다. 하루에 하나씩, 1년 동안 주어지는 365개의 가치 있는 물음들에 솔직하게 답하는 동안 아이는 매일 조금씩 성장해 나갈 거예요. 그 눈부신 성장이 담긴 3년의 기록은 내 아이의 내밀한 속마음과 만나는 가장 따뜻한 여행이 될 것입니다.

아이가 부모를 필요로 하는 시기에 서로 묻고 답해 주는 것만큼 좋은 교육은 없습니다. 궁금한 것을 묻고 또 묻는 아이의 질문에 답해 주는 일도 길어야 5년이죠. 하지만 이 시간을 함께하지 못했다는 자책감과 후회는 평생 사라지지 않습니다. '지금 여기'에서 시작하세요. 이 책에 담긴 질문들이 그 방향을 잡아 주며 더 아름다운 곳으로 안내할 거예요.

"아이는 두 번 태어난다.
부모의 사랑으로 세상에 태어나고,
부모의 말로 다시 한 번 태어나 완벽해진다.
부모의 말이 아이에게는 생명이다.
나는 오늘 어떤 생명을 아이와 나눴는가?

지금 이 순간도 흐르고 있고
어느 결에 무심코 지나치고 있을지 모르는,
내 아이를 빛나게 할 골든타임을 놓치지 말라."

다이어리 작성법

①

부모와 아이를 깊고 넓은 인문학의 세계로 안내해 줄 질문입니다. 하루에 하나씩, 1년 동안 365개의 서로 다른 질문을 만나 보세요. 나, 가족, 우정 등 아이의 일상과 가까운 소소한 질문부터 자존감, 내면, 인성 등 사색이 필요한 물음까지 다양하게 준비했습니다. 하루 5분, 매일 한 줄 인문학 질문으로 아이의 성장을 이끌어 주세요.

②

이 책은 아이의 성장을 3년 동안 기록하는 다이어리예요. 올해부터 내년, 내후년으로 나눠 매년 기록해도 좋고, 취학 전, 초등 저학년, 고학년으로 나눠 기록해도 좋아요. 중요한 건 아이 마음과 생각이 얼마나 자랐는지 살펴보고 부모로서 그 성장을 믿고, 지지하고, 응원해 주는 것입니다.

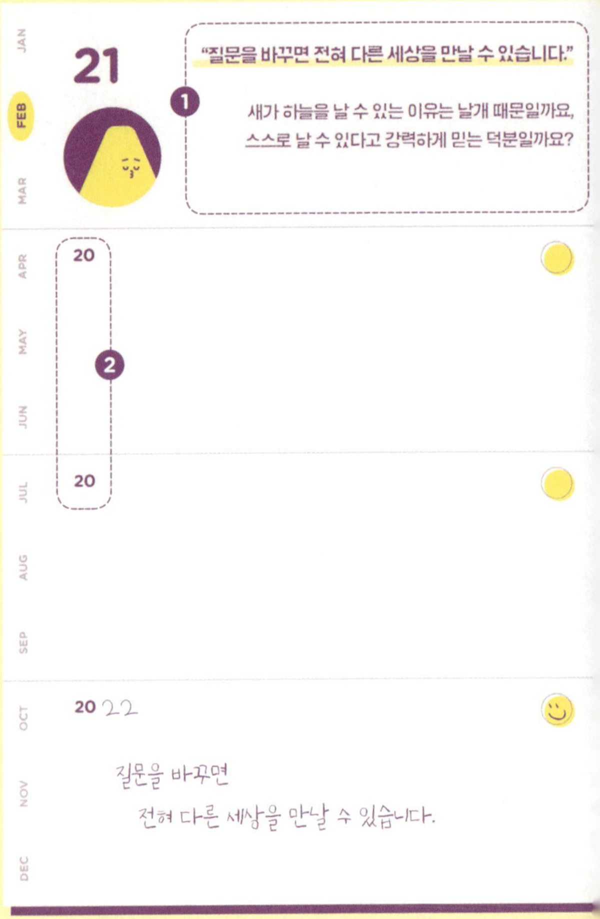

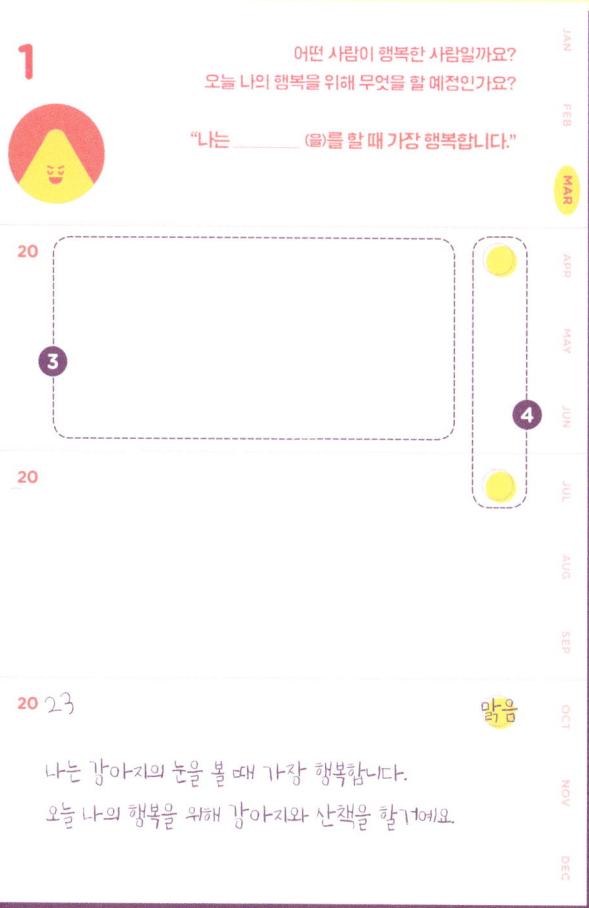

1

어떤 사람이 행복한 사람일까요?
오늘 나의 행복을 위해 무엇을 할 예정인가요?

"나는 _____ (을)를 할 때 가장 행복합니다."

20

20

20 23 맑음

나는 강아지의 눈을 볼 때 가장 행복합니다.
오늘 나의 행복을 위해 강아지와 산책을 할거예요.

❸

한 줄의 짧은 문장이라도 아이가 스스로 기록하게 해 주세요. 질문에 답을 할 때는 내 마음과의 충분한 대화가 필요해요. 혼자 답하기 어려워하는 아이라면 부모님이 함께 도와주세요. 글씨 쓰기에 서툴고 글쓰기가 어렵다면 그림을 그려도 좋습니다. 아직 질문을 이해하기 어려운 나이라면 필사부터 시작해 보세요.

❹

오늘 나의 기분이나 날씨, 시간 등을 자유롭게 채워 보세요. 정해진 답은 없어요. 정답이 아닌 방법을 찾는 것이 인문학이니까요. 몸도 마음도 폭발적으로 성장하는 시기에 아이가 자기만의 열정, 호기심, 상상력, 잠재력, 무한한 가능성을 마음껏 펼칠 수 있도록 격려해 주세요. 내 아이의 내밀한 속마음과 만나는 가장 따뜻한 여행이 될 것입니다.

열두 달 인문학 질문 키워드 소개

1월

서로를 더 깊이 이해하는 시간

가장 사랑하는 사람이 때로 가장 멀게 느껴지는 순간이 있지 않은가요? 부모와 아이는 한 공간에서 가장 많은 시간을 함께하며 누구보다 서로를 사랑하는 사이이기에 더욱 서로를 깊이 이해하는 시간이 필요합니다. 1월에는 나는 누구인지, 부모와 아이는 서로에게 어떤 존재인지 생각하는 시간을 가져 보세요.

2월

호기심의 눈으로 탐구하는 일상

매일 똑같은 일상이 지루하게 반복되는 것 같나요? 아이에게 새로운 세계를 선물하고 싶다면 일상을 지혜로운 자극으로 가득 채워 주세요. 하나의 사물에서 천 개의 빛을 발견하는 안목을 갖게 될 거예요. 하나의 지혜로운 자극은 하나의 영혼과도 같습니다. 골든타임이 지나기 전에 아이에게 그 삶을 허락해 주세요.

3월

나의 가능성을 믿는 힘, 자존감

공부도 놀기도 잘하는 아이는 원래 그렇게 타고난 걸까요? 아무리 위대한 능력을 갖고 있는 사람이라도 스스로 할 수 없다고 생각하면 원하는 결과를 얻지 못합니다. 반면 자신에 대한 믿음은 어떤 환경에도 흔들리지 않는 자존감의 씨앗이 되죠. 아이가 자신의 가치와 장점을 발견하고 키워 나갈 수 있도록 질문을 던져 주세요.

4월
멈추면 비로소 보이는 세계

독서란 책을 쓴 사람과 읽는 사람이 하나의 세계를 만들어 그 공간에 함께 사는 일입니다. 당연히 글을 쓰는 것만큼 독서도 창조적이어야 하죠. 책을 읽기 전에 질문부터 품어 보세요. 답이 될 만한 문장을 만나면 자연스럽게 책 읽기를 멈추게 될 거예요. 아이의 삶을 바꿀 창조는 그곳에서 시작됩니다. "책 다 읽었니?"가 아닌 "어디에서 멈췄니?"라는 질문을 선물해 주세요.

5월
단단한 생각을 만드는 글쓰기

세상에서 가장 글을 잘 쓰는 사람은 누구일까요? 베스트셀러 작가나 위대한 대문호일까요? 아닙니다. 바로 '지금 글을 쓰는 사람'입니다. 그렇다면 글을 잘 쓰는 사람들에게는 어떤 비결이 있을까요? 힌트는 앞으로 채워갈 이 일기도 마찬가지로 글을 쓰는 일이라는 거예요. 보고, 듣고, 읽고, 배운 것을 글로 쓰세요. 쓰지 않으면 아무리 배워도 배운 게 아니니까요.

6월
내 안에 예쁜 말을 담는 방법

상대를 존중하는 마음은 배려하는 방식으로 대화를 이끌어 줍니다. 그럴 때는 마치 손을 마주 잡고 웃으며 걷는 느낌이 들죠. 상대를 수직이 아닌 수평적으로 바라보는 사람은 거센 말과 일방적인 명령이 아닌 그냥 듣기만 해도 기분이 좋아지는 언어를 봄날의 꽃향기처럼 내뿜게 되지요. 내 안에 예쁜 말을 담는다는 것은 지지 않는 꽃밭을 내면에 심는 것과 같습니다.

7월
한계를 모르는 가능성의 힘

포기하지 않고 늘 도전하는 사람은 무엇이 다를까요? 도전한다는 것은 말처럼 쉽지 않습니다. 시간을 작은 단위로 쪼개 보세요. 1년이라는 시간이 남아 있다는 생각 대신 24시간이 365번 남았다고 생각하게 될 거예요. 그러면 지금 당장 시작할 수 있는 힘을 스스로 낼 수 있습니다. 물론 힘든 날도 있을 테죠. 다만 가능성은 세상이 아닌 내가 결정한다는 사실을 꼭 기억하세요.

8월
성장을 위한 가장 좋은 배움의 태도

공부라면 뭐든 좋기만 할까요? 아무런 목적이 없는 공부는 오히려 해가 됩니다. 방향을 정하지 않고 무작정 뛰기만 하면 괜한 체력을 낭비하는 셈이니까요. 8월의 질문들로 공부의 방향을 잡아 보세요. 자신이 왜 공부하는지 그 이유를 알고 있는 아이는 더 좋은 학원에서 더 많이 배우는 아이가 두렵지 않습니다. 배운 것들이 흩어지지 않고 모두 내면에 쌓이기 때문이에요.

9월
나만의 답을 찾아가는 사색의 여정

검색은 타인의 주관을 찾는 일이고, 사색은 자신의 주관을 찾는 일입니다. 검색은 빠르지만 누구나 아는 답을 주고, 사색은 느리지만 자신만 아는 답을 주죠. 아이가 무언가를 궁금해할 때 "검색하면 알 수 있잖아."라는 말 대신 "우리 함께 생각해보자."라고 말해 보세요. 그것이 바로 자신의 가치를 발견하는 자기주도 학습의 시작입니다. 아이의 삶을 빛낼 재료는 이미 아이 안에 가득합니다. 세상에 묻지 말고, 자신에게 묻게 하세요.

10월
흔들려도 쓰러지지 않는 내면의 꽃

일단 날개를 펼쳐 날기 시작한 새는 어떤 일이 생겨도 뒤돌아보는 일이 없습니다. 돌아볼 가치를 느끼지 못하기 때문이죠. 반면 우리가 자꾸만 뒤를 돌아보는 이유는 자신의 선택을 믿지 않기 때문입니다. 스스로 무언가를 선택했다면 무슨 일이 있어도 강력하게 믿기로 해요. 때로 최상의 가치는 최고의 믿음에서 나오니까요. 오늘 내딛은 한 걸음의 가능성을 믿으세요.

11월
영혼을 살찌우는 대화와 생각법

영혼의 가치를 가늠할 수 있을까요? 그렇다면 내 영혼의 수준은 높을까요, 낮을까요? 한 사람의 지성은 그 사람의 생각에서 비롯됩니다. 어떤 사람과 대화를 나눌 때 그 사람의 현재를 그대로 보여 주는 증거는 바로 그의 생각이지요. 깊고 넓은 대화를 나누며 서로의 생각을 자극하는 것만으로도 우리는 근사한 영혼을 가질 수 있습니다. 11월에는 영혼을 풍요롭게 해 줄 심도 있는 질문들을 만나 보세요.

12월
인문학을 공부하는 진짜 목적

중국 사상가 공자는 이렇게 말했습니다. "자기보다 못한 자를 벗으로 삼지 말라." 단지 친구를 가려서 만나야 한다는 조언일까요? 그는 친구를 만날 때도 배움을 중요하게 생각했습니다. 일상에서 배움을 추구하지 않는 자가 꿈을 잃고 방황하는 모습을 주변에서 자주 목격했기 때문이에요. 배움의 진짜 목적은 지식 수집이 아니라 성장입니다. 인문학을 통해 내 안의 숨은 가치를 발견하는 삶을 살아가길 바라요.

3년 후,
내 아이를 위한
특별한 기록

하루 한 줄 인문학
Q&A Diary

JAN

1

부모와 아이의 마음은 서로 달라요.
부모가 좋은 마음으로 한 말도
아이 입장에서는 듣기 싫은 말이 될 수 있어요.
부모님에게 어떤 말을 들었을 때
사랑 받고 있다는 생각이 드나요?

20

20

20

2

"어른을 만나면 무조건 인사 먼저 하는 거야."

인사를 강요받으면 기분이 어떤가요?
이건 나(아이)를 걱정해서 하는 말일까요,
부모님(어른)의 품위를 위한 말일까요?

20

20

20

JAN **3**

지금까지 가졌던 물건 중에서
나에게 가장 소중했던 것은 무엇인가요?

"내 인생에서 가장 소중했던 것은 _____ 입니다.
그 이유는 _____ 때문입니다."

20

20

20

4

모든 가정에는 나름의 규칙이 있죠.
우리 집은 어떤가요?
그 규칙이 존재하는 이유는 무엇 때문인가요?

20

20

20

JAN	
	5

FEB
MAR

내가 어떤 행동을 할 때
부모님이 가장 크게 화를 내나요?
나는 혼나는 이유를 정확히 알고 있나요?

APR · MAY · JUN

20

JUL · AUG · SEP

20

OCT · NOV · DEC

20

20

20

20

JAN 7

학교에서나 일상에서 마주치는 모든 장소에서
남이 원하는 기준에 나를 맞추게 되는 이유가 뭘까요?
다른 사람에게 좋은 사람이 되는 게 먼저일까요,
나 자신에게 좋은 사람이 되는 게 먼저일까요?

20

20

20

8

부모님과 함께 생각을 나눠 보세요.
'곰곰이'가 맞는 표현일까요,
'곰곰히'가 맞는 표현일까요?
이렇게 맞춤법이 헷갈릴 때는 어떻게 하나요?

20

20

20

9

왜 모든 아이의 예쁜 가능성이 현실에서 활짝 피어나지 않는 걸까요? 나는 나(아이)의 가능성을 확신하나요, 아니면 단지 가정하고 있을 뿐인가요?

20

20

20

10

아이들은 왜 부모의 의도와 늘 다르게 행동할까요?
그러면 아이들은 오히려 이렇게 묻겠죠.
"부모님은 왜 나에게 바라는 것을 스스로 실천하지 않을까?"
나는 지금 말과 행동이 일치하는 삶을 살고 있나요?

20

20

20

JAN

11

FEB

MAR

모두 각자에게 주어진 일에 충실하면
더 아름다운 세상을 만들 수 있을 거예요.
아름다운 가정을 위한 부모의 역할은 무엇일까요?
특별히 부모님께 바라는 게 있다면 무엇인가요?

APR

20

MAY

JUN

JUL

20

AUG

SEP

OCT

20

NOV

DEC

12

내가 밉고 초라하게 느껴질 때,
혼자 있고 싶을 때 자주 찾는 공간이 있나요?
그곳에서는 주로 어떤 생각을 하나요?

"저는 _____ 에 있으면 마음이 편안해져요.
그곳에서 _____ (을)를 생각해요."

20

20

20

13

부모가 충분한 시간을 허락할 때 아이는 뛰어난 관찰자가 된다는 사실을 모르는 부모는 없습니다. 부모님은 꽃을 관찰하는 나에게 빨리 가자고 재촉하나요? "무엇이 너를 멈추게 했니?" 질문하며 생각을 자극하나요?

20

20

20

14

간혹 어른들은 아이들을 숙제처럼 대할 때가 있습니다.
아이들은 풀어야 할 숙제인가요,
사랑받아야 하는 소중한 생명인가요?
상대방에게 사랑을 전하려면
어떤 마음으로 다가가야 할까요?

20

20

20

JAN

15

명령은 누가 누구에게 내리는 걸까요?
힘이 세고 나이 많은 사람만 내릴 수 있는 걸까요?
그럼 아이는 어른의 지시를 반드시 따라야 할까요?

20

20

20

16

지금 부모님께 듣고 싶은 말은 무엇인가요?
지금 아이에게 듣고 싶은 말은 무엇인가요?

20

20

20

JAN

17

정답을 찾는 과정이 소중할까요,
단순하게 답을 내는 게 중요할까요?

FEB

MAR

APR **20**

MAY

JUN

JUL **20**

AUG

SEP

OCT **20**

NOV

DEC

18

어떤 행동과 말이 부모님을 걱정하게 만들까요?
부모님이 걱정하지 않게 하려면
나는 어떻게 말하고 행동하는 것이 좋을까요?

20

20

20

JAN

19

뷔페에 갈 때 음식을 보며 무슨 생각을 하나요?
돈을 낸 만큼 먹으려고 하나요, 즐기려고 하나요?
나의 생각을 솔직하게 말해 봐요.

FEB

MAR

APR 20

MAY

JUN

JUL 20

AUG

SEP

OCT 20

NOV

DEC

20

협상과 협박은 매우 다릅니다.
가족과의 대화에서 협상 대신 협박이라고
느껴지는 순간이 있었나요?

20

20

20

JAN 21

부모님께 함부로 말하는 친구들을 보면 어떤 생각이 들죠?
반대로 아이들에게 함부로 말하는 부모를 보면 어떤가요?
남에게 자기 생각을 함부로 말하지 않고
배려하며 살기 위해 어떤 마음을 가져야 할까요?

20

20

20

22

아르키메데스가 "유레카!"를 외친 장소는 어디일까요?
그런데 그보다 더 중요한 게 하나 있어요.

"나에게는 목욕탕에서도 생각할 만큼
중요한 문제가 있나요?"

20

20

20

JAN

23

부모들은 저마다 아이에게 무언가를 기대합니다.
나의 부모님은 내가 어떻게 자라기를 바라나요?
부모님은 나의 성장을 응원하고 있나요,
아무것도 하지 않고 기대만 걸고 있나요?

20

20

20

24

"저는 친구가 ＿＿＿＿＿ (이)라고 놀릴 때 가장 기분이 나빠요."

왜 그 말을 들으면 기분이 안 좋을까요?

20

20

20

25

보고 싶은 것만 보면 사물을 제대로 볼 수 있을까요?
책을 읽을 때도 보고 싶은 부분만 보면 발전이 없습니다.
지금 나(아이)를 있는 그대로 보고 있나요,
보고 싶은 대로 보고 있나요?

20

20

20

26

아홉 번 꾸짖고 한 번 칭찬하는 게 좋을까요,
한 번 꾸짖고 아홉 번 칭찬하는 게 좋을까요?
무엇이 좋은지, 그 이유는 무엇인지 생각해 봐요.

20

20

20

JAN

27

열심히 했지만 실수로 도전에 실패했을 때
"거봐, 그럴 줄 알았지."라는 말을 들으면
기분이 좋아지나요, 아니면 더 나빠지나요?
나(아이)의 가능성을 확장하려면
어떤 말을 자주 들려줘야 할까요?

20

20

20

28

내 생각이 움직이지 않고
멈춰버린 이유는 무엇 때문일까요?
나의 질문은 나의 생각을 자극하고 있나요,
나쁜 감정을 자극해서 힘들게만 하고 있나요?

20

20

20

JAN

29

고정관념이란 무엇일까요?
나에게는 어떤 고정관념이 있나요?

FEB

MAR

APR

20

MAY

JUN

JUL

20

AUG

SEP

OCT

20

NOV

DEC

30

부모가 자식을 사랑하는 이유는
그런 유전자를 타고났기 때문이라는 말이 있죠.
이 사실에 대해서 어떻게 생각하나요?

20

20

20

JAN

31

나(아이)에게 생각할 시간을 충분히 허락하고 있나요?
그런 시간을 어떤 방식으로, 얼마나 주고 있나요?

FEB

MAR

APR **20**

MAY

JUN

JUL **20**

AUG

SEP

OCT **20**

NOV

DEC

January

살다 보면 부모와 아이의 생각이 일치할 때가 있죠.

그런데 그것은 과연 모두 우연일까요?

서로 다른 두 사람이 무언가 잘 맞는다는 것은

서로를 이해하기 위해 노력했다는 증거입니다.

부모와 아이의 관계는 그래서 애틋하고 소중합니다.

"서로의 행복을 위해 사는 참 고마운 사람이니까."

JAN	
FEB	**1**
MAR	

시간이 많아야만 많은 일을 할 수 있는 건 아닙니다.
1분 동안 할 수 있는 일에는 무엇이 있을까요?
나에게 10분이 주어진다면 무엇을 할 생각인가요?

APR	20
MAY	
JUN	

JUL	20
AUG	
SEP	

OCT	20
NOV	
DEC	

2

혼자서도 잘 노는 친구에 대해 어떻게 생각하나요?
오랫동안 꽃을 바라보는 친구를 보면 어떤 생각이 드나요?
혼자서 무언가를 지긋이 관찰하는 건 왜 중요할까요?

20

20

20

3

FEB

"네가 하고 싶은 건 뭐든 다 해 봐."
이런 말을 들으면 왜 기분이 좋을까요?
"너, 이거 먼저 해!" 명령은 기분을 나쁘게 만들죠.
자유로운 거지와 자유롭지 못한 부자 중에
누가 더 행복할까요?

20

20

20

4

마트에 가면 라면 하나도 종류가 정말 많지요.
물건을 고를 때 어떤 기준으로 선택하나요?
많은 사람에게 선택을 받는 물건은 무엇이 다를까요?

20

20

20

5

게임만 생각하면 마음이 행복해진다고요?
그 이유를 알고 하면 더욱 좋지 않을까요?
나는 재미를 위해 게임을 하나요,
승패를 가르기 위해 게임을 하나요?

20

20

20

6

가끔 친구의 단점부터 보일 때가 있어요.
좋은 부분은 잘 보이지 않던데
나쁜 것은 왜 쉽게 눈에 띌까요?
세상을 부정적으로만 보면 나중에 어떻게 될까요?

20

20

20

7

사랑이 아름다운 일이라는 건 모두 알고 있어요.
그런데 왜 모든 사람을 존중하고 사랑해야 할까요?
과연 모든 사람을 사랑하는 것이 가능할까요?

20

20

20

8

만약 내가 직접 방송을 만들 수 있다면
어떤 이야기를 주제로 하고 싶나요?

"저는 _____ (을)를 무대에 세우고 싶습니다.
그에게는 _____ 장점이 있기 때문입니다."

20

20

20

9

JAN / **FEB** / MAR

오늘 길을 걸으며 무슨 생각을 했나요?
생각이 나면 그게 뭔지 적어 보세요.
만약 생각이 나지 않는다면 그 이유가 뭘까요?

APR / MAY / JUN

20

JUL / AUG / SEP

20

OCT / NOV / DEC

20

10

모든 것에는 다 이유가 있다는데
클래식 음악은 왜 지루하게 느껴질까요?
그 지루한 시간을 통해 우리는 무엇을 얻을 수 있을까요?

20

20

20

JAN FEB MAR	**11** 우리 주변 곳곳에 예쁘게 피어난 꽃과 나무를 보면 어떤 생각이 드나요? 우리는 왜 자연을 사랑하며 살아야 할까요?
APR MAY JUN	20
JUL AUG SEP	20
OCT NOV DEC	20

12

훔쳐서 번 돈으로 부자가 되면
과연 두 발을 마음껏 뻗고 잘 수 있을까요?
죄를 지은 나쁜 사람도 행복할 수 있을까요?

20

20

20

JAN
FEB
MAR

13

"요즘 나의 관심사는 _____ (을)를 하는 것입니다."

궁금한 것을 모두 알아냈나요?
내일은 또 무엇을 알아볼 생각인가요?

APR 20

MAY

JUN

JUL 20

AUG

SEP

OCT 20

NOV

DEC

14

친구와 대화를 나눌 때나 길을 걸을 때
남의 시선을 지나치게 의식하는 이유는 뭘까요?
자신의 의견을 당당하게 말하는 사람은 무엇이 다를까요?

20

20

20

JAN	
FEB	**15**
MAR	나는 스스로 내딛은 생각의 보폭을 믿나요? 그런데 왜 내 생각을 자신 있게 표현하지 못하나요?

APR **20**

MAY

JUN

JUL **20**

AUG

SEP

OCT **20**

NOV

DEC

16

치워도 치워도 어지럽게 널려 있는 잡동사니.
왜 책상 위에는 늘 쓸데없는 것들이 놓여 있을까요?
어지러운 책상은 무엇을 의미하는 걸까요?

20

20

20

17

아이들의 출입을 제한하는 노키즈존은 꼭 필요할까요?
자꾸만 그런 공간이 늘어나는 이유가 뭘까요?
어른과 아이가 모두 행복하게 식사하려면
어떻게 해야 할까요?

20

20

20

18

나는 생각한 대로 살고 있나요?
아니면 사는 대로 생각하고 있나요?

20

20

20

19

호기심이 많은 사람에게는 어떤 특징이 있을까요?

"호기심이 많은 사람은 _____ 합니다.
그 이유는 _____ 때문입니다."

20

20

20

20

손해를 보더라도 선하게 사는 게 좋은 삶일까요?
천사와 악마가 싸우면 누가 이길까요?
왜 그렇게 생각하나요?

20

20

20

21

FEB

"질문을 바꾸면 전혀 다른 세상을 만날 수 있습니다."

새가 하늘을 날 수 있는 이유는 날개 때문일까요,
스스로 날 수 있다고 강력하게 믿는 덕분일까요?

20

20

20

22

가치와 쓸모가 없어지면 버려야 할까요?
쓰레기는 왜 버려야 할 존재가 된 걸까요?
도움을 주는 사람이 되려면 무엇을 배워야 할까요?

20

20

20

23

시장에서 파는 과일의 가격은 왜 제각각일까요?
오늘 내가 보낸 하루를 가격으로 정한다면
과연 얼마를 받을 수 있을까요?

20

20

20

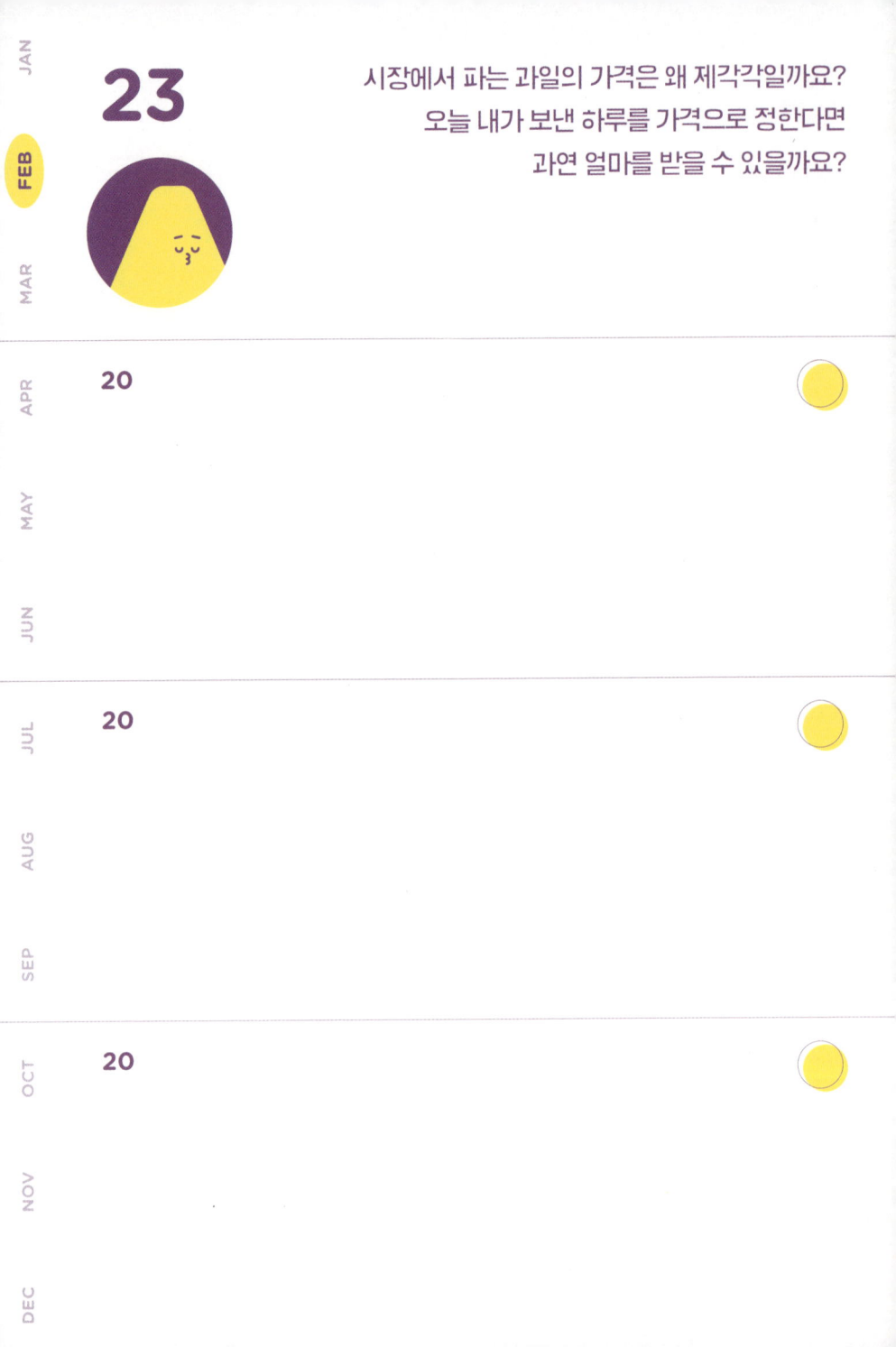

24

누군가 내 말을 믿고 따르면 힘이 나지요.
만약 나폴레옹의 "나를 따르라!"라는 말을
모든 병사가 따르지 않았다면 전쟁은 어떻게 되었을까요?

"아마 나폴레옹은 전쟁에서 _____ 되었을 겁니다.
그 이유는 _____ 때문입니다."

20

20

20

25

호기심을 자극하면 아이는 스스로 배웁니다.
호기심을 가지고 살펴본 일에서
배움을 경험한 적이 있나요?

20

20

20

26

할 수 있다고 믿으면 신기하게도 힘이 납니다.
나는 스스로 나의 한계를 긋나요,
멋지게 극복해서 더 높이 날아가나요?

20

20

20

JAN
FEB
MAR

27

많이 배운다고 모든 문제를 해결할 수 있을까요?
갑작스런 위기에서 우리에게 힘을 주는 건 뭘까요?
지식이 중요할까요, 지혜가 중요할까요?

APR
20

MAY

JUN

JUL
20

AUG

SEP

OCT
20

NOV

DEC

28

행복은 힘을 내서 쟁취하는 걸까요,
지금 여기에서 발견하는 걸까요?
행복하게 살기 위해 지금 내가 할 수 있는 건 뭘까요?

20

20

20

February

아이가 겉만 보고 돌아서려고 할 때

너머까지 볼 수 있도록 사려 깊은 질문을 하라.

그러면 집을 완성하는 것은 벽과 지붕이 아닌

서로를 사랑하는 가족의 뜨거운 마음이라는

그 어떤 지식보다 빛나는 사실을 깨닫게 될 것이다.

"부모의 질문이 아이의 호기심에 날개를 달아 줍니다."

1

어떤 사람이 행복한 사람일까요?
오늘 나의 행복을 위해 무엇을 할 예정인가요?

"나는 _____ (을)를 할 때 가장 행복합니다."

JAN
FEB
MAR

20

APR
MAY
JUN

20

JUL
AUG
SEP

20

OCT
NOV
DEC

2

"할 수 있다."
"할 수 없다."

어떤 말을 더 자주 쓰나요?
나의 가능성을 키우려면 어떻게 말해야 할까요?

20

20

20

3

모든 것은 생각하기 나름이죠.
좋은 일이 생겨서 힘을 낼 수 있는 걸까요,
힘을 내서 좋은 일이 생긴 걸까요?

20

20

20

4

마음이 아프고 속상할 때
어떤 말을 들으면 기분이 나아지나요?
듣기만 해도 기분 좋은 말을 건네려면
무엇을 가장 먼저 생각해야 할까요?

20

20

20

5

누군가에게 내 생각을 말할 때
자꾸만 머뭇거리게 되는 이유는 뭘까요?
어떻게 하면 고칠 수 있을까요?

20

20

20

JAN	
FEB	**6**
MAR	"스스로 알을 깨면 한 마리 _____(이)가 되지만, 남이 깨주면 _____(이)가 됩니다."

20

APR

MAY

JUN

20

JUL

AUG

SEP

20

OCT

NOV

DEC

7

"우리가 하는 독창적인 일은 실수뿐이다."

오늘은 어떤 실수를 했나요?
실수한 것을 바로잡으려면 어떻게 해야 할까요?

20

20

20

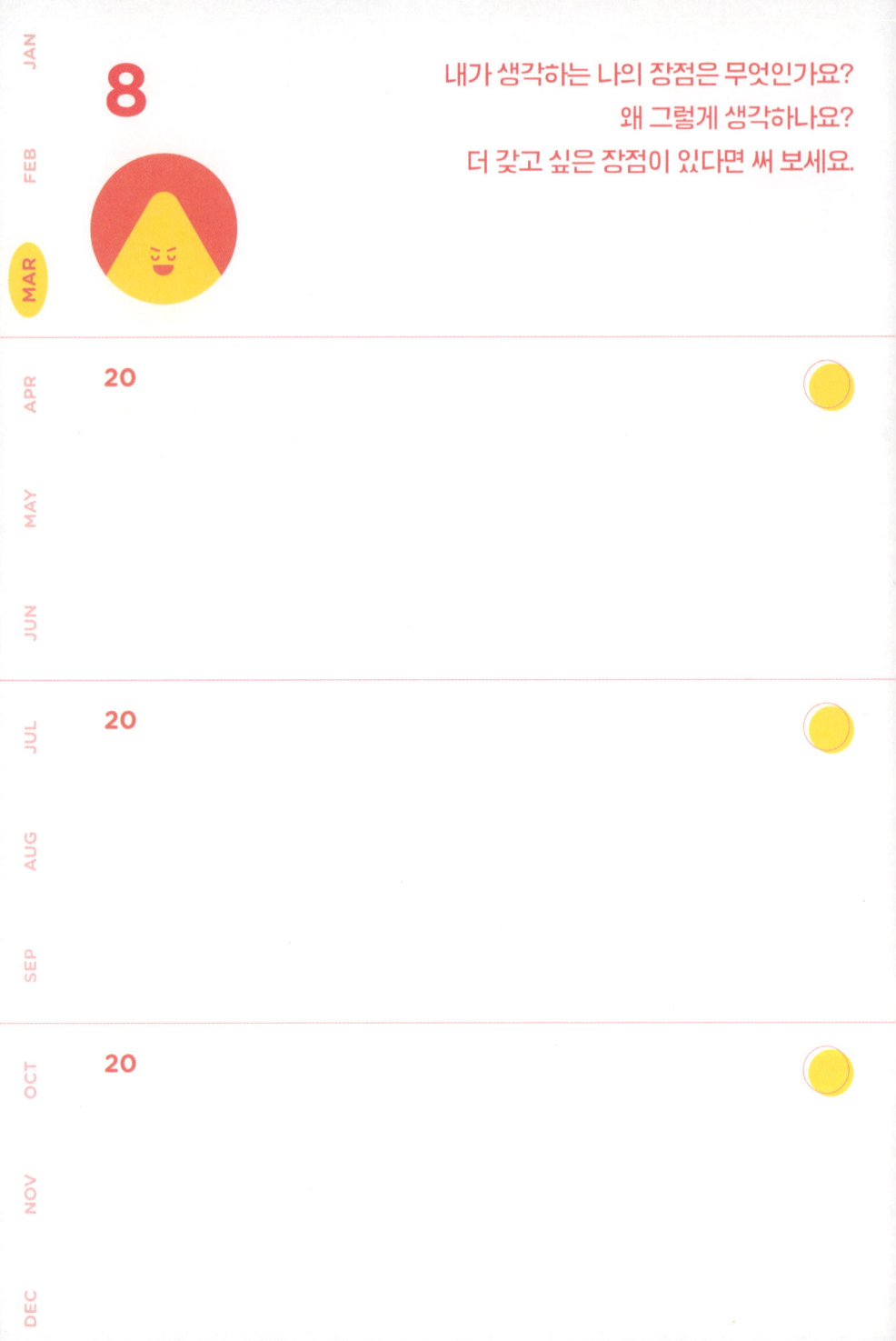

9

어떤 단어든 스스로 정의할 때
그 의미가 더욱 선명해집니다.
'자만심'과 '자존심'은 어떻게 다를까요?
어렵더라도 끝까지 생각해 보세요.

20

20

20

JAN	
FEB	**10**
MAR	

부모님과 함께 생각해 보세요.
나의 하루는 자만심을 키우고 있을까요,
자존감의 크기를 키우고 있을까요?

APR · MAY · JUN **20**

JUL · AUG · SEP **20**

OCT · NOV · DEC **20**

11

어려운 환경에도 불구하고
묵묵히 노력하는 사람들이 참 많습니다.
나는 내가 설 자리를 달라고 요청하는지,
스스로 설 자리를 만들고 있는지,
지금 나에게 질문해 보세요.

20

20

20

12

제아무리 훌륭한 말이라도 타인이 만든 명언만 따르면 어떤 일이 일어날까요? 나의 경험을 믿고 신뢰할 수 있을까요? 오늘은 나만의 명언을 하나 써 보기로 해요.

" _____ "

20

20

20

13

항구에 정박할 수 없는 커다란 배는
앞으로 어떤 삶을 살게 될까요?
인간의 방황이 아름다운 이유는 무엇 때문일까요?

20

20

20

15

나쁜 목표는 사람을 이기적으로 만들죠.
나는 목표가 분명한 사람인가요,
나만 아는 이기적인 사람인가요?

20

20

20

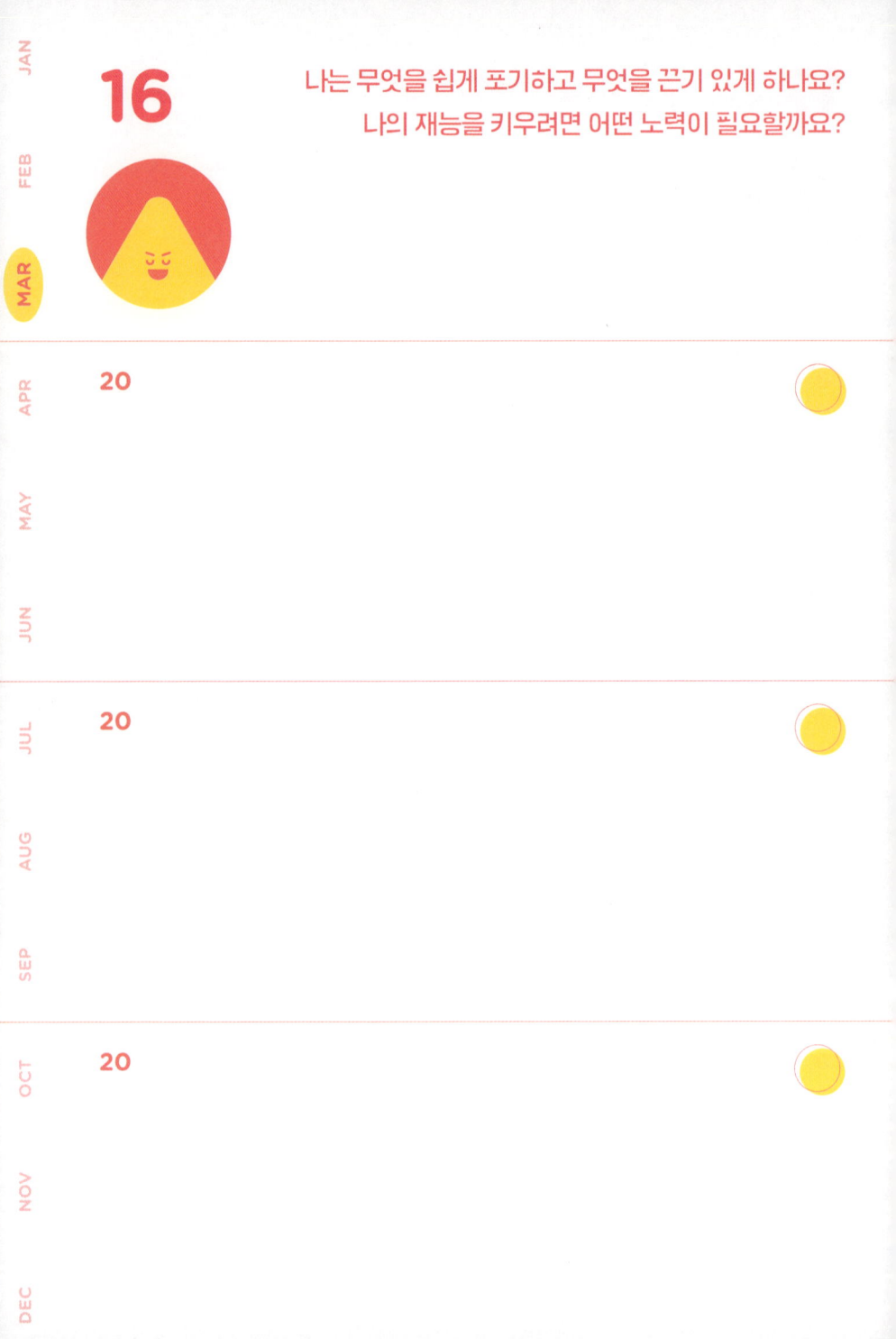

16

나는 무엇을 쉽게 포기하고 무엇을 끈기 있게 하나요?
나의 재능을 키우려면 어떤 노력이 필요할까요?

JAN
FEB
MAR

20 APR / MAY / JUN

20 JUL / AUG / SEP

20 OCT / NOV / DEC

17

살면서 가장 후회했던 순간이 언제인가요?
그때로 다시 돌아가면 어떻게 할 건가요?

20

20

20

18

요즘 자주 쓰는 말을 노트에 적어 보세요.
도전과 끈기의 언어를 사용하고 있나요,
아니면 안주와 포기의 언어를 사용하고 있나요?

20

20

20

19

"오늘도 _____ (이)가 가득한 하루입니다."

이렇게 말하고 시작한 하루는 행복으로 가득합니다.
사람은 왜 자신이 말한 대로 살게 될까요?

20

20

20

JAN / FEB / MAR **20**	가끔 남다른 연기나 노래 실력으로 주목받는 아이들이 텔레비전에 나옵니다. "너보다 어린데 돈도 많고 인기도 있네." 이렇게 성공과 인기를 기준으로 비교하면 어떤 생각이 드나요?

APR / MAY / JUN 20

JUL / AUG / SEP 20

OCT / NOV / DEC 20

21

"내가 나를 믿지 않으면 누가 나를 믿겠는가?"

자꾸만 자신에게 나쁜 말과 행동을 하며
자신을 소중히 여기지 않는 사람을 보면
어떤 생각이 드나요?

20

20

20

22

나는 누군가를 비난하는 하루를 보내고 있나요,
누군가의 노력을 발견하는 하루를 보내고 있나요?

JAN
FEB
MAR

APR 20

MAY

JUN

JUL 20

AUG

SEP

OCT 20

NOV

DEC

23

내가 어제 한 일 중에 가장 잘한 일은 무엇인가요?
왜 그렇게 생각하나요?

20

20

20

24

'열심히 했다'와 '잘했다'의 차이는 무엇일까요?
'열심히 했다'는 내가 나에게 주는 선물이고,
'잘했다'는 남이 내게 하는 평가라고 볼 수 있어요.
선물처럼 느껴지는 말에는 또 어떤 것이 있을까요?

20

20

20

25

부모님이 무엇을 할 때 가장 멋져 보이나요?
그때 부모님께 어떤 말을 들려 드리고 싶은가요?

20

20

20

JAN
FEB
MAR

26

위기를 만나면 돌파할 생각을 하나요,
안주하며 적당히 버티려고 하나요?

APR **20**

MAY

JUN

JUL **20**

AUG

SEP

OCT **20**

NOV

DEC

27

아이가 설교와 통제에
이를 악물고 굴복하기를 바라나요,
소중한 사람을 향해 미소 지으며
포근히 안을 수 있는 포용력을 가지길 바라나요?

20

20

20

JAN
28
FEB
MAR

"세상에서 가장 약한 사람은
_____(이)가 없는 사람이다."

왜 그렇게 생각하나요?

APR 20

MAY

JUN

JUL 20

AUG

SEP

OCT 20

NOV

DEC

29

나를 가장 뿌듯하게 만드는 일은 무엇인가요?
그 일을 할 때 어떤 생각이 드나요?

20

20

20

JAN	
FEB	**30**
MAR	

질문을 하려면 깊은 생각이 필요해서 참 힘듭니다.
질문을 포기하고 싶을 때 나에게 물어 보세요.

"잠시 바보로 남고 싶니, 평생 바보로 살고 싶니?"

APR / MAY / JUN — 20

JUL / AUG / SEP — 20

OCT / NOV / DEC — 20

31

사랑한다는 말을 자주 들려준 꽃은
그냥 방치한 꽃보다 더 잘 자란다고 합니다.
오늘 나에게 어떤 응원의 말을 들려주고 싶나요?

20

20

20

March

이제는 쉽게 실패라고 말하지 않겠습니다.

더 좋은 답은 없다고 말하지도 않을 겁니다.

조금 더 생각하면 조금 더 좋은 답이 나오니까요.

나의 생각이 나의 가능성을 결정합니다.

나는 오늘도 그 근사한 사실을 믿습니다.

"나는 나의 가능성입니다."

1

재밌고 유익한 유튜브를 놔두고
굳이 책을 읽는 이유는 뭘까요?
책이 사라진 세상은 어떤 모습일까요?

20

20

20

2

최근에 읽은 책에서 가장 인상적인 문장을 써 보세요.
왜 그 문장은 그토록 기억에 남았을까요?

APR 20

20

20

3

"그만 놀고 책 좀 읽어."라는 말이 좋나요,
"우리 같이 책 읽을까?"라는 말이 좋나요?
함께 책을 읽고 싶다는 말이 듣기 좋은 이유는 뭘까요?

20

20

20

4

나에게는 어떤 고정관념이 있나요?
다양한 책을 읽고 다양한 관점을 갖게 되면
고정관념에 어떤 변화가 생길까요?

APR 20

JUL 20

OCT 20

5

몇 번을 다시 읽어도 어려운 책이 있을 거예요.
왜 어떤 책은 반복해서 읽어도 이해되지 않는 걸까요?

20

20

20

6

왜 어떤 사람에게는 독서가 즐겁지 않을까요?
어떻게 하면 책을 읽지 않던 아이도
책을 좋아하게 만들 수 있을까요?

JAN
FEB
MAR

APR · 20

MAY
JUN

JUL · 20

AUG
SEP

OCT · 20

NOV
DEC

7

세종대왕은 책 한 권을 100번 읽고
100번 쓰는 '백독백습'을 실천했습니다.
왜 같은 책을 100번이나 읽었을까요?
100번 읽고 100번 쓰면 어떤 일이 생길까요?

20

20

20

8

지금까지 읽은 책 중에 가장 좋아하는 책이 무엇인가요?
내가 그 책의 작가라면 바꾸고 싶은 이야기가 있나요?
어떤 부분을 어떻게 바꾸고 싶나요?

APR 20

JUL 20

OCT 20

9

글을 읽다가 모르는 부분이 나오면 그냥 넘어가나요, 충분히 이해할 때까지 반복해서 읽나요?

20

20

20

10

인간은 왜 _____ 에 쉽게 중독되는 걸까요?
반대로 독서에 중독되는 사람이 적은 이유는 뭘까요?
책을 읽는 시간을 즐기려면 어떻게 해야 할까요?

APR 20

JUL 20

OCT 20

11

외운 글과 이해한 글 중에
어느 쪽이 더 기억에 오래 남을까요?
책에서 읽은 내용을 자꾸 잊어버리는 이유는 뭘까요?

20

20

20

12

우리는 모두 자신이 읽은 대로 살게 됩니다.
나는 어떤 삶을 살고 싶나요?
그러려면 어떤 주제의 책을 읽어야 할까요?

APR 20

20

20

13

책상에 쌓여 있는 그 수많은 책은
나의 지성을 위한 것인가요,
부모님이 스스로의 만족을 위해 고른 것인가요?

20

20

20

14

베스트셀러는 모두 좋은 책일까요?
가장 좋은 책은 뭐라고 생각하나요?

"_____(이)가 좋은 책이라고 생각합니다.
그 이유는 _____ 때문입니다."

20

20

20

15

읽고 실천하며 뇌를 자극해야 창의력이 자란다고요?
그렇다면 독서란 책을 읽는 것을 말하는 걸까요,
책을 읽고 자신의 생각을 펼치는 시간을 말하는 걸까요?

20

20

20

16

가끔 손에 잡히지 않는 책이 있습니다.
내가 읽는 책의 수준이 낮은 걸까요,
내가 제대로 읽을 수준이 되지 않는 걸까요?

APR 20

MAY

JUN

JUL 20

AUG

SEP

OCT 20

NOV

DEC

17

책에서 고른 한 줄 문장을 하루 종일 생각하면
과연 어떤 일이 일어날까요?

20

20

20

18

보통 작가들은 책 한 권을 몇 달 동안 쓸까요?
무려 60년 동안 한 권의 책을 쓴 작가가 있어요.
바로 《파우스트》를 쓴 대문호 괴테입니다.
그는 왜 60년이나 투자해서 책을 썼을까요?

20

20

20

19

작가라는 직업을 한 문장으로 정의하면 어떻게 표현할 수 있을까요?

20

20

20

JAN		
FEB	**20**	잠시 스마트폰 전원을 끄면 어떤 변화가 시작될까요?
MAR		뭐든 해 봐야 알 수 있죠, 지금 한번 해 보세요.
		고요한 상태에서 내 마음은 어떻게 달라졌나요?

APR 20

MAY

JUN

JUL 20

AUG

SEP

OCT 20

NOV

DEC

21

책을 읽을 때 시선이 멈출 곳을 찾나요,
단지 마지막 장을 만나기 위해 읽나요?

20

20

20

22

어떤 사람의 말은 그대로 받아쓰기만 해도
수정할 필요 없이 바로 근사한 책이 됩니다.
나는 기록할 가치가 있는 말을 하고 있나요?

APR 20

20

20

23

아이도 어른도 만화책을 싫어하는 사람은 별로 없지요.
만화책은 무조건 나쁜 영향을 주는 걸까요?
만화책을 가장 근사하게 읽으려면 어떻게 해야 할까요?

20

20

20

24

책을 읽어도 달라지지 않는다면 무엇이 문제일까요?

"책을 읽어도 변화가 없는 이유는 _____ 때문입니다.
그래서 앞으로 저는 _____ 읽을 생각입니다."

APR

20

20

20

25

바람과 구름에게도 각자의 이야기가 있듯
모든 사람에게는 자기만의 이야기가 있습니다.
만약 내 이야기를 주제로 책을 쓴다면
그 책의 제목은 무엇이 될까요?

20

20

20

26

"펼치지 않은 책은 그저 커다란 블록일 뿐이다."

이 말에 대해 어떻게 생각하나요?

APR 20

JUL 20

OCT 20

27

내가 가장 좋아하는 책을 소개해 보세요.
그 책에서 가장 인상적인 문장은 몇 쪽에 있나요?
그 문장이 마음에 닿은 이유도 함께 말해 줄래요?

20

20

20

JAN FEB MAR

28

'읽기만 하는 바보'라는 말이 있습니다.
이 말의 의미는 무엇일까요?

APR 20

MAY JUN

JUL 20

AUG SEP

OCT 20

NOV DEC

29

지금 더 알고 싶은 것이 무엇인가요?
어떤 문제로 고민하고 있나요?
그걸 해결하려면 어떤 책을 읽어야 할까요?

20

20

20

30

JAN
FEB
MAR

인간이 책을 읽는 이유는 무엇일까요?

"좋은 책은 우리에게 _____ (을)를
선물로 주기 때문입니다."

APR 20

MAY

JUN

JUL 20

AUG

SEP

OCT 20

NOV

DEC

April

멈춰서 모든 것을 보게 하라.

하나를 보고 서둘러 판단하지 않도록

천천히 모든 것에 주의를 기울이게 하라.

억지로 교훈이나 감동을 주려고 하지 말라.

다만 읽고 생각할 시간을 충분히 허락하라.

"그렇게 아이는 스스로 배우고 스스로 깨닫게 된다."

1

세상에서 가장 멋진 글도 한 줄에서 시작됩니다.
그 한 줄 문장은 몇 개의 단어들로 이루어지죠.
가장 좋아하는 단어를 세 가지만 적어 보세요.
이것이 바로 글쓰기의 시작입니다.

20

20

20

2

말은 쉬지 않고 하루 종일 하면서
글은 한 줄도 쓰지 못하는 사람이 있어요.
말은 잘하지만 글은 쓰지 못하는 이유가 뭘까요?

20

20

20

3

작가는 무언가를 오랫동안 관찰하는 사람입니다.
나는 무언가를 쓰기 위해 오랫동안 고민한 적이 있나요?
얼마나 많은 시간 동안 무엇을 관찰하며 고민했나요?

20

20

20

4

"나에게 글쓰기란 ＿＿＿＿＿＿ 입니다."

그렇게 생각한 이유가 무엇인가요?

20

20

20

5

글을 쓰려고 폼을 잡으면 더 생각이 나지 않아요.
참 신기하죠, 도대체 이유가 뭘까요?
그런데 그냥 술술 써지는 글이 좋은 글일까요?

20

20

20

"내가 평소 읽고 싶었던 글을 쓰자."

더 멋진 글을 쓰려면 이런 생각을 하면 됩니다.
나는 어떤 내용의 글을 읽고 싶나요?

20

20

20

7

JAN
FEB
MAR

이 시대의 문화와 경제를 이끄는 사람들에게
"앞으로 필요한 능력이 무엇일까요?"라고 물으면
입을 모아서 '글쓰기'라고 답하는 이유는 뭘까요?
글을 쓰며 우리가 얻을 수 있는 것은 무엇일까요?

APR 20

MAY

JUN

JUL 20

AUG

SEP

OCT 20

NOV

DEC

8

힘들지만 필사를 하는 이유가 뭘까요?
좋은 마음을 받으면 마음이 행복해지죠.
좋은 글을 필사하면 어떤 변화가 생길까요?

20

20

20

9

"왜 자꾸 내 글을 수정하는 거야!"
다른 사람이 내가 쓴 글을 고치면 기분이 나쁘죠.
하지만 아무것도 쓰지 않으면 수정할 수도 없습니다.
그래서 글쓰기는 _____ 입니다.

20

20

20

10

기억하고 싶은 순간을 남기려면 어떻게 해야 할까요?
메모하면 어제 뭘 했는지 떠올릴 수 있지 않을까요?
오늘 가장 기억하고 싶은 순간을 글로 남겨 보세요.

20

20

20

11

"너희 아파트는 몇 평이야?"
"너희 아파트 정원에는 어떤 꽃이 피었니?"

둘 중에 어떤 질문이 글을 더 아름답게 만들까요?
그 이유는 무엇이라고 생각하나요?

20

20

20

12

경험이 가장 멋진 지식이라는 사실에 동의하나요?
그런데 왜 경험을 글로 써서 남기지 않나요?
오늘 나의 경험을 글로 쓴다면 어떤 제목이 어울릴까요?

20

20

20

13

주변을 의식해서 나의 생각을 바꾼 적이 있나요?
모두가 같은 생각을 한다는 건 무엇을 의미하는 걸까요?

JAN | FEB | MAR

20

APR | MAY | JUN

20

JUL | AUG | SEP

20

OCT | NOV | DEC

14

왜 우리는 글을 쓰지 않으려고 하는 걸까요?
오늘의 내가 내일의 나를 위해 모범을 보이면 어떨까요?
오늘 어떤 글로 모범을 보일 예정인가요?

20

20

20

15

우리는 타인의 말을 받아쓰려고 태어났을까요,
자신이라는 시를 쓰기 위해서 태어났을까요?
다른 사람에게는 없는 나만의 장점을 세 가지만 써 봐요.

20

20

20

무언가를 반복하면 어떤 일이 일어날까요?
앞으로 어떤 습관을 갖고 싶은가요?

20

20

20

17

수도꼭지를 돌리지 않으면 물은 나오지 않습니다.
글로 쓸 이야기는 가만히 앉아 있으면 나올까요,
아니면 산책하며 움직일 때 나올까요?

20

20

20

18

같은 사물도 사람마다 다르게 표현하는 이유는 뭘까요?
우리는 왜 예술 작품을 감상하는 걸까요?

20

20

20

19

하루 3줄씩 매일 글을 쓰면
1년에 1,000줄이 넘는 글을 쓰게 됩니다.
매일 10분 글을 쓰면 어떤 변화가 일어날까요?

20

20

20

20

우리는 글을 쓸 때 보통 _____ 에 앉아서 씁니다. 그런데 놀랍게도 100권이 넘는 책을 쓴 대문호 괴테는 집필실에 책상만 두고 의자는 놓지 않았습니다. 괴테는 왜 의자를 사용하지 않았을까요?

20

20

20

| JAN |
| FEB |
| MAR |

21

"내 글이 별로라고 말하면 어쩌지?"
내가 쓴 글에 확신을 갖지 못하는 이유는 뭘까요?

| APR |

20

| MAY |
| JUN |

| JUL |

20

| AUG |
| SEP |

| OCT |

20

| NOV |
| DEC |

22

고대 사상가 공자와 철학자 소크라테스는
직접 글을 쓴 적이 없습니다.
제자들이 그들의 말을 책으로 옮겼지요.
멋진 글을 쓰고 싶다면,
'글이 될 수 있는 삶을 사는 것이 우선입니다.
오늘 나는 글이 될 만한 하루를 보냈나요?

20

20

20

JAN	
FEB	**23**
MAR	

쓰기 싫어도 계속 쓰다 보면
실수로라도 잘 쓰는 날이 옵니다.

"글쓰기는 내게 _____ (을)를 주는 일입니다."

APR	20
MAY	
JUN	

JUL	20
AUG	
SEP	

OCT	20
NOV	
DEC	

24

나는 생각의 틀에 갇혀 있나요,
생각의 그물을 자유롭게 펼치고 있나요?
틀에서 벗어나기 위해 어떤 노력을 하고 있나요?

20

20

20

25

"읽고, 읽고 또 읽어라. 쓰고, 쓰고 또 써라."

글쓰기의 대가들은 이렇게 조언합니다.
이 말에 담긴 의미는 무엇일까요?

20

20

20

26

긴 시간 산책하면 어떤 기분이 드나요?

"산책을 오래 하면 _____ 한 기분이 듭니다.
그 이유는 _____ 때문입니다."

20

20

20

27

글쓰기는 자기 생각을 표현하는 일입니다.
쓰지 못한다는 것은 표현하지 못한다는 증거죠.
이 글을 읽는 지금 이 순간의 감정을 글로 표현해 보세요.

28

자연을 볼 때 그저 풍경만 감상하나요,
인생에 도움이 될 깨달음도 얻고 있나요?
"얼음이 녹으면 봄이 온다."라는 말이 있죠.
지금 자신만의 자연을 발견해 보세요.

"얼음이 녹으면 _____."

20

20

20

29

가장 좋아하는 작가는 누구인가요?
그 작가의 책을 좋아하는 이유는 무엇인가요?
나도 그런 글을 쓰려면 어떻게 해야 할까요?

JAN
FEB
MAR

APR **20**

MAY

JUN

JUL **20**

AUG

SEP

OCT **20**

NOV

DEC

우리가 매일 글을 써야 하는 이유는
무엇을 알고 있는지 발견하기 위해서입니다.

"글쓰기는 내 안에 있는 _____ (을)를 찾는 일입니다."

20

20

20

May

말과 글로 표현한 만큼 그 사람의 내면은 깊어집니다.

일상에서 자신에게 이렇게 질문하기로 해요.

"어떻게 하면 내 생각을 언어로 표현할 수 있을까?"

"어떻게 해야 내 감정을 온전히 전할 수 있을까?"

느낀 것은 모두의 것이지만, 그걸 표현하면 나만의 것이 됩니다.

"더 크게 보고, 더 깊게 느끼고, 더 생생하게 표현하세요."

1

"사랑해, 고마워, 잘했어."

이런 말을 들으면 기분이 어때요?
봄꽃처럼 기분이 활짝 피어나는 말은 뭘까요?

20

20

20

2

"나는 _____(이)가 담긴 말을 들을 때 가장 행복합니다. 내가 좋아하는 단어는 _____, _____, _____ 이런 것들입니다."

20

20

20

3

"오늘 학교에서 무엇을 배웠니?"
"오늘 학교에서 너를 기쁘게 한 건 무엇이니?"

둘 중에 어떤 말이 마음을 편하게 하나요?
그 이유는 뭘까요?

20

20

20

4

누구나 가끔 실수를 할 때가 있습니다.
혼날까 봐 걱정이 될 때
부모님이 어떤 말을 해 주면 좋을까요?

20

20

20

5

예쁘게 말하는 사람들은 무엇이 다를까요?
그 사람들이 말할 때 짓는 표정과 말투,
그리고 사용하는 언어에 대해 자세히 써 보세요.

20

20

20

최악의 사기꾼도 자신에게는 거짓을 말하지 않습니다.
자기 자신을 믿는 사람과 믿지 못하는 사람 중에
누가 더 거짓말을 자주 할까요?
사람들은 왜 자꾸 거짓말을 하는 걸까요?

20

20

20

7

서로 친한 사이였던 사람들이
갑자기 소리치며 싸우는 이유는 뭘까요?
말싸움으로 우리는 무엇을 얻을 수 있을까요?

20

20

20

8

실수했을 때 자신에게 뭐라고 말하나요?
위로하고 격려하며 스스로 나아지려 하나요?
자신에게 용기를 주려면 어떤 언어를 써야 할까요?

20

20

20

9

모르는 사람이 많은 장소에서
나의 생각을 정확하게 말할 수 있나요?

20

20

20

10

"내가 어떻게 그걸 할 수 있겠어."
"나도 그거 한번 도전해 봐야겠다."

나에게 어떤 말을 들려주면 마음이 예뻐질까요?

20

20

20

11

친구에게 듣기 싫은 말을 들었을 때,
다음 질문에 차례대로 답해 볼까요?
"친구가 나에게 함부로 말한 이유가 뭘까?"
"마음은 왜 하나로 똑같기가 힘든 걸까?"
"친구와 대화하다 생각이 같으면 기분이 어떻지?"

20

20

20

12

우리 가족의 대화는 기쁨과 희망으로 끝나나요,
체념과 깊은 한숨을 내뱉으며 끝나나요?
그렇게 생각한 이유는 무엇인가요?

20

20

20

13

"너, 내가 하지 말라고 몇 번이나 말했지?"
이런 표현은 나(아이)를 움츠러들게 하는 말인가요,
올바른 방향으로 깨우치게 하는 말인가요?
후자가 되려면 어떤 식으로 말해야 할까요?

20

20

20

14

왜 아이들은 부모의 말과 행동을 따라 하게 될까요?
부모님이 어떤 말과 행동을 보여줄 때 가장 행복한가요?

20

20

20

15

예쁜 말은 무엇을 말하는 걸까요?
내가 생각하는 예쁜 말의 예시를 써 보세요.

JAN FEB MAR

20

APR MAY

JUN

20

JUL AUG SEP

20

OCT NOV DEC

16

나는 닫힌 마음을 여는 언어를 사용하나요,
열린 마음도 닫는 언어를 사용하고 있나요?
침묵보다 가치 있는 말을 하려면
어떤 언어를 전해야 할까요?

20

20

20

17

세상에 예쁜 거짓말이 있다면 무엇일까요?

"예쁜 거짓말은 _____ (이)라고 생각합니다.
그 이유는 _____ 때문입니다."

JAN	
FEB	
MAR	

APR 20

MAY

JUN

JUL 20

AUG

SEP

OCT 20

NOV

DEC

18

나는 논쟁에서 이기려고 말을 하나요,
내 생각을 전하기 위해 말을 하나요?

20

20

20

19

"대박", "존맛"
이런 말에 대해 어떻게 생각하나요?
그 표현만으로 상대방이 뭘 먹었는지 짐작할 수 있을까요?
내가 생각하는 나쁜 표현이란 무엇인지 써 보세요.

20

20

20

20

내가 말을 하는 이유는
상대를 가르치기 위해서인가요,
지금껏 쌓은 경험을 나누기 위해서인가요?

20

20

20

21

한 번 고민할 때와 열 번 고민할 때,
두 선택의 결과는 각각 어떻게 다를까요?
생각하고 또 생각할수록
지혜로운 결과가 나오는 이유는 뭘까요?

20

20

20

22

"내가 떼를 쓸 때 부모님이 이렇게 말해 주면 좋겠습니다.
_____."

20

20

20

23

JAN / FEB / MAR

누군가에게 내 마음을 설명할 때
가장 필요한 것은 무엇일까요?
지금 내 마음을 한마디로 표현해 보세요.

APR / MAY / **JUN**

20

JUL / AUG / SEP

20

OCT / NOV / DEC

20

24

나와 생각이 다른 친구가 있을 때
무조건 내 말이 맞다고 화를 내나요,
차분하게 대화하며 서로의 생각을 주고받나요?

20

20

20

25

일상에서 내가 자주 꺼내는 질문은
상대를 향한 관심에서 나온 질문인가요,
간섭하려는 마음에서 나온 질문인가요?

20

20

20

26

"내 언어의 한계는 _____ 의 한계를 의미한다."

왜 그렇게 생각하나요?

20

20

20

27

사람들 사이에서 오해가 생기는 이유는 뭘까요?
어떻게 하면 내 마음을 그대로 전할 수 있을까요?

JAN
FEB
MAR

APR — 20
MAY
JUN

JUL — 20
AUG
SEP

OCT — 20
NOV
DEC

28

상대의 수준을 알고 싶다면
그 사람이 하는 말을 들어 보면 됩니다.
나는 친구에게 어떤 사람으로 기억되고 싶나요?

20

20

20

29

나는 결론만 묻는 이야기를 던지나요,
아니면 따뜻한 마음의 안부를 먼저 묻나요?
마음의 안부를 묻는 표현에는 무엇이 있을까요?

20

20

20

30

꽃은 자신이 피어날 곳을 선택하지 않죠.
좋은 말의 씨앗을 뿌리면 거기가 바로 꽃밭입니다.
나는 오늘 어떤 씨앗을 뿌렸나요?

20

20

20

June

타인에게 좋은 사람이 되기에 앞서

먼저 나에게 가장 좋은 내가 되자.

결국 우리는 '나'를 위해 사는 거니까.

누군가에게 다정해지려고 노력하는 것만큼

나 자신에게도 다정해지려는 시도를 하자.

"다정한 내가 되어야 말과 글도 예뻐지는 거니까."

1

만약에 나를 꽃에 비유한다면
어떤 꽃으로 불러 주면 좋을까요?
그 꽃은 어떤 가능성을 품고 있을까요?

JAN FEB MAR

---

20   APR MAY JUN

---

20   JUL AUG SEP

---

20   OCT NOV DEC

2

내 인생에서 가장 큰 도전은 무엇이었나요?
그때 나의 기분은 어땠나요?

20

20

20

3

하얀 거품을 일으키며 쉴 틈 없이 움직이는 파도를 보면 어떤 생각이 드나요?
눈을 감고 파도와 모래의 삶을 상상해 보세요.
저 많은 모래는 어떻게 여기까지 올 수 있었을까요?

20

20

20

4

자동차, 옷, 스마트폰, 시간.
이 중에 돈을 주고 살 수 없는 건 무엇인가요?
우리는 왜 시간을 아껴 써야 할까요?

20

20

20

5

과학이 세상을 바꿀 수 있을까요?
세상은 무엇으로 바뀐다고 생각하나요?

20

20

20

6

"너 자신의 수고는 너만 알면 돼."

방탄소년단(BTS) 멤버 진은 이런 말을 했습니다.
이 말에 담긴 의미를 생각해 볼까요?

20

20

20

20

20

20

8

10년 뒤 어떤 사람이 되고 싶나요?
그 모습을 위해 지금 무엇을 준비하고 있나요?

"나는 _____ (이)가 되고 싶습니다."

20

20

20

9

불가능할 것 같은 일도
결국 해내는 사람은 무엇이 다를까요?
가능성을 찾는 질문이란 어떤 질문일까요?

20

20

20

10

멋진 영상을 하나 만들기 위해 무엇이 필요할까요?
내 생각을 현실로 가져오려면 어떻게 해야 할까요?

20

20

20

11

매일 부모의 냉혹한 평가를 받은 아이가 잘 자랄까요, 매일 사랑의 영양분을 충분히 받은 아이가 잘 자랄까요?

20

20

20

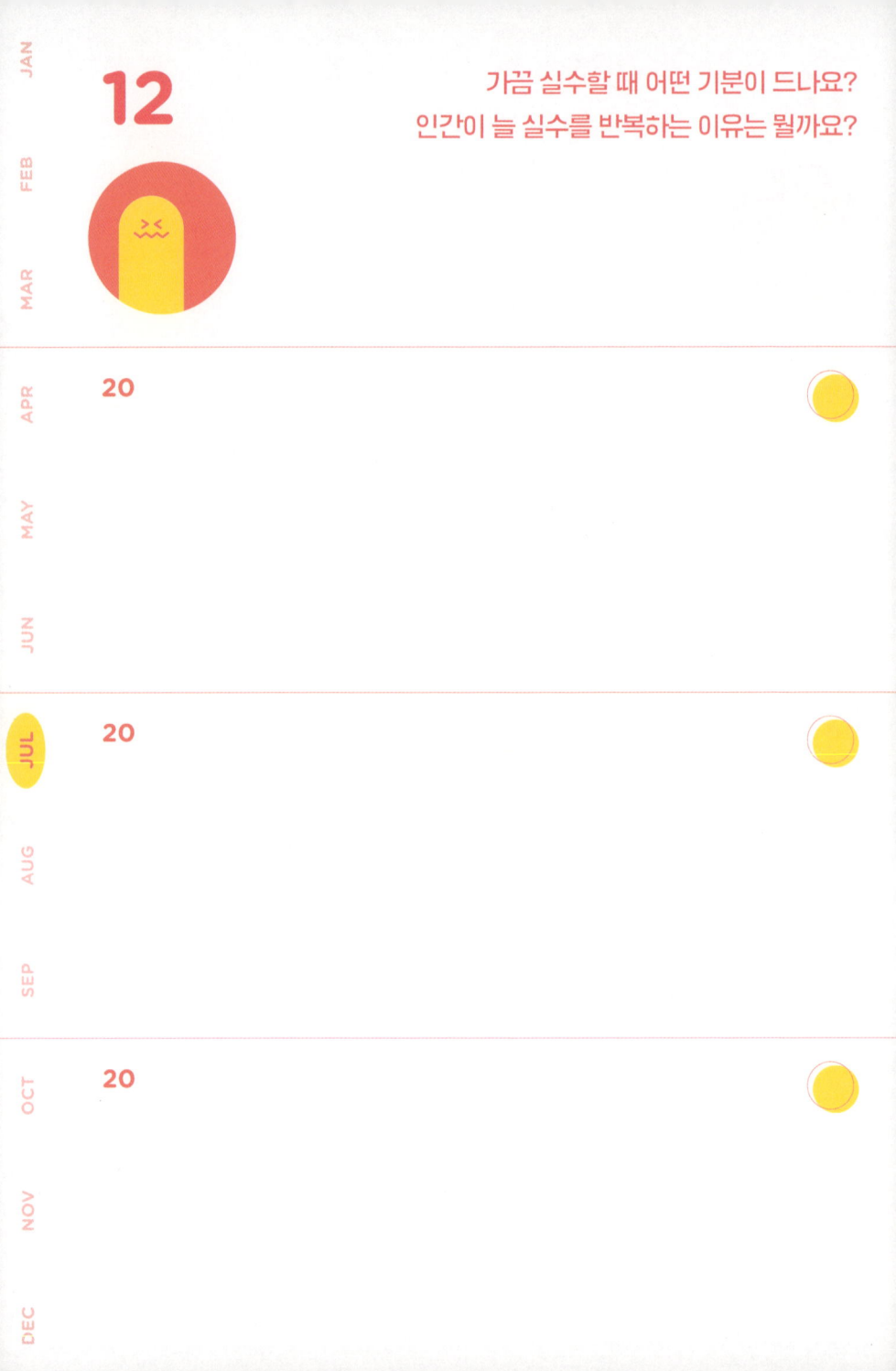

13

"저는 _____(을)를 할 때 가장 행복합니다.
그 이유는 _____ 때문입니다."

20

20

20

14

나는 어떤 인생을 살고 싶나요?
그런데 왜 자신의 가능성을 꽁꽁 묶어 놓았나요?
나의 가능성을 억압하는 것이 무엇이라고 생각하나요?

JAN / **FEB** / **MAR**

APR / **MAY** / **JUN** 20

JUL / **AUG** / **SEP** 20

OCT / **NOV** / **DEC** 20

15

분명한 견해나 관점이 없으면
다수의 의견에 이리저리 끌려다니게 되죠.
나는 내 목소리를 분명하게 낼 수 있나요?

20

20

20

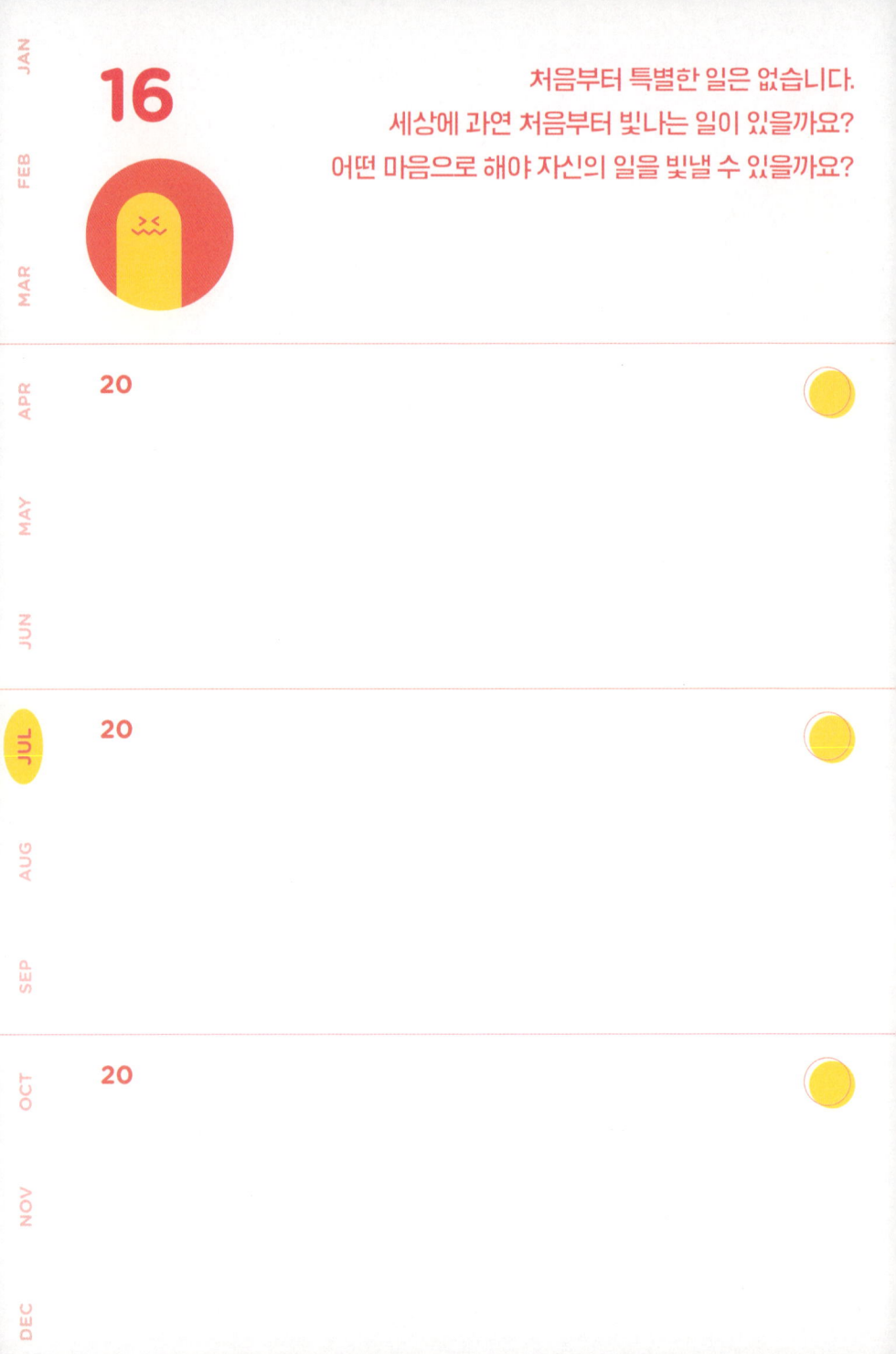

16

처음부터 특별한 일은 없습니다.
세상에 과연 처음부터 빛나는 일이 있을까요?
어떤 마음으로 해야 자신의 일을 빛낼 수 있을까요?

20

20

20

17

꼭 시간 약속을 안 지키는 사람들이 있어요.
늘 지각하는 사람이 매번 늦는 이유는 뭘까요?

20

20

20

18

'팔 굽혀 펴기 10개 성공'을 목표로 삼고
늘 9개에서 멈추는 사람과
11개를 하는 사람은 뭐가 다를까요?
나는 어떤 사람이 되고 싶나요?

20

20

20

19

원하는 삶을 입으로만 말하고 있나요,
아니면 삶으로 매일 증명하고 있나요?

20

20

20

20

일의 우선순위를 정한 후에 움직이나요,
아니면 되는 대로 닥치는 대로 움직이나요?
어떤 도전이 멋진 성공으로 이어질까요?

20

20

20

21

경력은 일한 기간의 합일까요,
그 일을 사랑한 기간의 합일까요?
공부든, 일이든, 독서든
나는 내가 하는 일을 사랑하나요?

20

20

20

22

"이 정도면 충분해."

이 말은 무엇을 의미하는 걸까요?
최선을 다했다는 말은 언제 쓸 수 있는 걸까요?

20

20

20

23

빛은 간절히 구하는 자의 몫입니다.
어둠 속에도 빛이 있다고 믿나요,
아니면 빛 속에서 어둠을 걱정하고 있나요?

20

20

20

24

초점을 어디에 두느냐에 따라
같은 상황에서도 결과는 완전히 달라질 수 있습니다.
나는 가능성에 불을 댕기는 질문을 하고 있나요,
아니면 가능성의 불을 끄는 질문을 하고 있나요?

JAN / **FEB** / **MAR**

20

APR / **MAY** / **JUN**

20

JUL / **AUG** / **SEP**

20

OCT / **NOV** / **DEC**

25

비가 그친 하늘에 햇살이 비치면 무지개가 떠요.
우리 눈에 비처럼 내린 눈물은 무엇을 의미할까요?

20

20

20

JAN	**26**	"새로운 것을 창조하려면 _____(이)가 필요합니다.
FEB		그 이유는 _____ 때문입니다."
MAR		

APR 20

MAY

JUN

JUL 20

AUG

SEP

OCT 20

NOV

DEC

27

최근에 새롭게 배운 것이 있나요?
그걸 배울 때 무엇이 가장 힘들었나요?
그 힘든 순간을 어떻게 이겨낼 수 있었나요?

20

20

20

28

JAN / FEB / MAR

목표와 소망은 뭐가 다를까요?
내 마음에 품은 소망이 중요할까요,
부모님이 내게 바라는 목표가 중요할까요?

APR / MAY / JUN

20

JUL / AUG / SEP

20

OCT / NOV / DEC

20

29

오늘 하루 중에 후회하는 일이 있나요?
우리는 왜 후회할 일을 하는 걸까요?
후회 없는 선택을 하려면 어떤 기준을 가져야 할까요?

20

20

20

30

명사와 동사의 차이점은 뭘까요?
나는 누군가 정의한 명사의 인생을 살고 싶나요,
스스로 개척하며 동사의 하루를 보내고 싶나요?

20

20

20

31

인생은 우리가 상상한 대로 이루어집니다.
결국 뭐든 해내는 상상을 하고 있나요,
아니면 또 실패하는 그림을 그리고 있나요?

20

20

20

July

물은 100도에서 끓는다.

그래서 많은 사람이 마지막 1도의 노력을 강조한다.

하지만 나는 99도에서 멈춰도 괜찮다고 생각한다.

99도에도 99도만의 가치가 있는 거니까.

나는 충분히 빛나는 하루를 살고 있다.

"나는 나의 보폭과 가능성을 믿는다."

1

"공부란 내면의 밭에 물을 주는 일입니다."

씨앗을 심고 제때 물을 주지 않으면 어떻게 될까요?
지금 나에게 꼭 필요한 지혜를 제때 채워 주고 있나요?

20

20

20

JAN FEB MAR APR MAY JUN JUL **AUG** SEP OCT NOV DEC

2

왜 책보다 유튜브가 더 재미있을까요?
쉽고 빠르게 흥미 위주로 배우는 건 좋은 걸까요?

20

20

20

3

"내가 하고 싶은 일은 _____ 입니다.
그 일을 하고 싶은 이유는 _____ 때문입니다.
그래서 나는 _____ (을)를
배우고 있습니다(배울 예정입니다)."

20

20

20

4

무언가를 처음으로 알아 갈 때
무작정 어떻게든 배우려고 덤비나요,
아니면 배우려는 것을 먼저 사랑하려고 하나요?

20

20

20

5

공부할 때 옆에서 누가 지켜보면 기분이 어때요?
공부는 혼자 하는 걸까요,
여럿이 함께 하는 걸까요?

20

20

20

6

오랫동안 잘 생각하고 대답해 보세요.
나는 암기왕이 되려고 공부하나요,
나만의 시선을 가지려고 공부하나요?

20

20

20

7

풀리지 않는 문제를 만났을 때
어떻게 하면 더 좋은 답을 낼 수 있을까요?
어떤 식으로 질문해야 답을 찾을 수 있을까요?

20

20

20

8

"어디에서 공부할 때 가장 마음이 편한가요?"

아이가 집을 배움의 공간으로 생각하지 않는다면
그건 아이의 잘못인가요, 부모의 잘못인가요?

20

20

20

9

공부를 한마디로 정의할 수 있을까요?

"저는 _____ (이)가 공부라고 생각합니다.
그 이유는 _____ 때문입니다."

20

20

20

10

내가 가장 좋아하는 가수는 누구인가요?
그 사람은 처음부터 그렇게 노래를 잘했을까요?
최고의 자리에 오르기 위해 그는 어떤 노력을 했을까요?

20

20

20

11

억울하게도 가끔 그런 경우가 있죠.
같이 배우기 시작했는데 실력 차이가 나는 이유는 뭘까요?
그런데 꼭 빠른 속도로 배우는 게 좋은 걸까요?

20

20

20

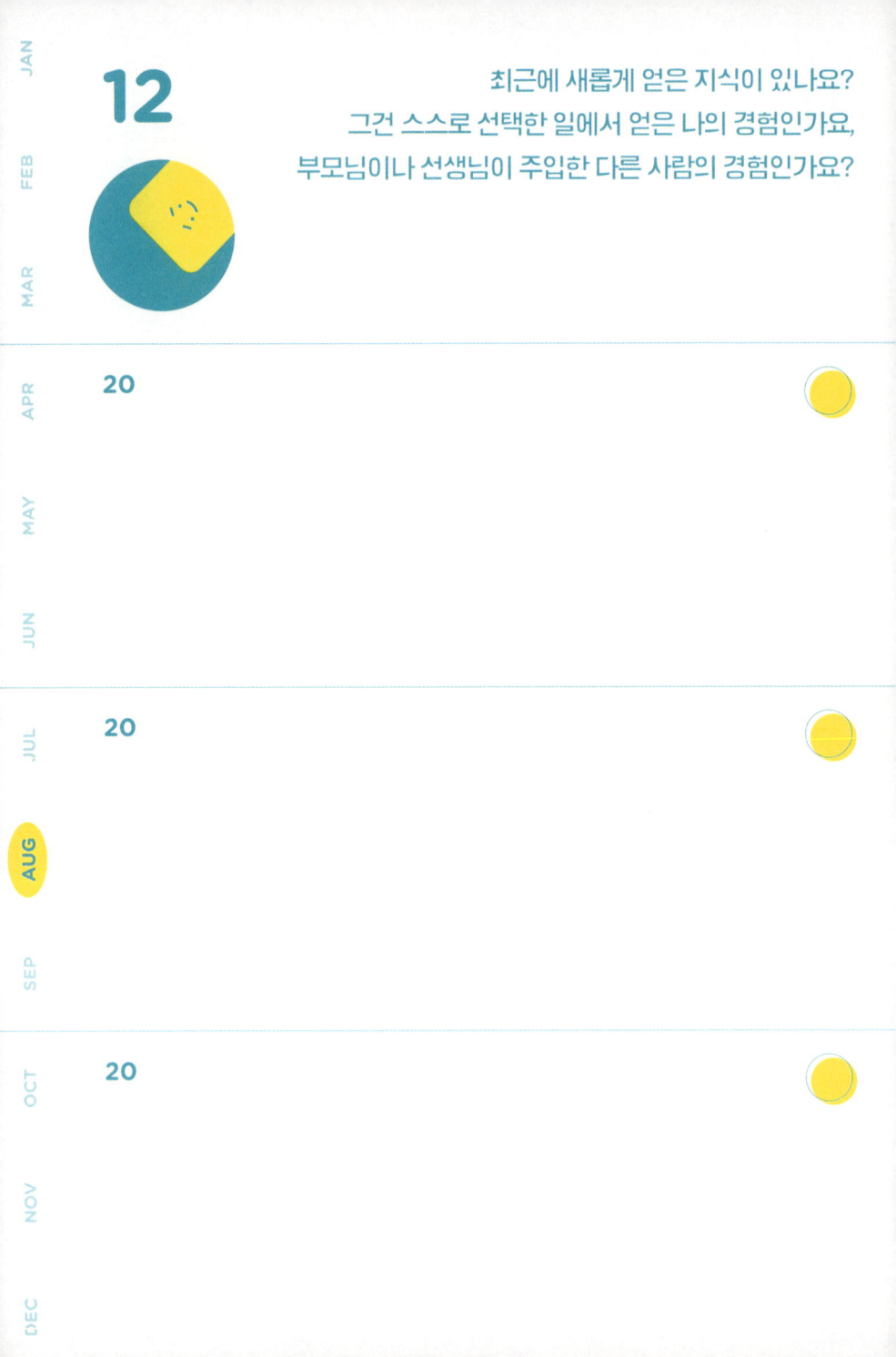

12

최근에 새롭게 얻은 지식이 있나요?
그건 스스로 선택한 일에서 얻은 나의 경험인가요,
부모님이나 선생님이 주입한 다른 사람의 경험인가요?

20

20

20

내 그림자를 오랫동안 바라본 적이 있나요?
뭐든 정성을 다해 관찰하면 다르게 보입니다.
나는 그림자 하나쯤 사소하다고 지나치나요,
그림자 하나에서도 의미를 찾으려고 하나요?

20

20

20

14

부모는 늘 아이의 미래를 걱정합니다.
부모님이 나를 걱정할 때 어떤 기분이 드나요?
그럴 때 부모님에게 뭐라고 이야기하고 싶나요?

20

20

20

15

_____ (이)가 없으면 오래 집중하기 힘들죠. 피겨스케이팅 선수 시절 김연아는 어떻게 하루 18시간이나 연습할 수 있었던 걸까요? 왜 _____ (이)가 필요하다고 생각하나요?

20

20

20

16

부모님이 자꾸 공부하라고 하면 기분이 어떤가요?
왜 자꾸 확인하고 지적하고 강요하는 걸까요?
나는 누가 시키지 않아도 스스로 공부할 수 있나요?

20

20

20

17

살아 있는 것만 생명이라고 부를 수 있을까요?
그럼 자연은 살아 있는 걸까요, 죽어 있는 걸까요?
왜 그렇게 생각하나요?

20

20

20

18

너무 많이 보고 너무 적게 생각하면 어떻게 될까요?
보는 것이 중요할까요,
생각하는 것이 중요할까요?

20

20

20

19

나에게 맞는 것은 스스로 선택해야 합니다.
나는 서점에서 책을 살 때 스스로 선택하나요?
다른 사람이 추천하는 책이 좋은가요,
스스로 선택한 책을 읽는 것이 좋은가요?

20

20

20

| JAN |
| FEB |
| MAR |

20

공통적으로 들어갈 말을 하나 생각해 보세요.

"우리는 왜 ＿＿＿＿ (을)를 해야 할까요?"
"＿＿＿＿ (은)는 인간의 상상력을 자극하니까요."

| APR |
| MAY |
| JUN |

20

| JUL |
| AUG |
| SEP |

20

| OCT |
| NOV |
| DEC |

20

21

목표 없이 무작정 달리면 어디에 닿을까요?
공부는 우리 삶에 어떤 도움을 줄까요?
내가 생각하는 도착지는 어디인가요?

20

20

20

JAN / FEB / MAR	**22** 계산기는 복잡한 계산도 쉽게 해 주죠. 그런데 왜 수학을 공부해야 할까요? 수학을 배울 때 우리가 얻는 것은 무엇일까요?
APR / MAY / JUN	**20**
JUL / **AUG** / SEP	**20**
OCT / NOV / DEC	**20**

23

다른 나라 문화를 접할 때 어떤 생각을 하나요?
우리말처럼 유창하게 쓰고 싶은 외국어가 있나요?
그렇게 생각한 이유는 무엇인가요?

20

20

20

JAN	
FEB	**24**
MAR	

학교에 다녀오면 부모님이 뭐라고 말하시나요?
"수고했다!"인가요, "오늘은 뭘 배웠니?"인가요?
어떤 말로 반기면 더 열심히 공부하게 될까요?

APR **20**
MAY
JUN

JUL **20**
AUG
SEP

OCT **20**
NOV
DEC

25

나는 오직 결과만 바라보며 달려가나요,
결과가 좋지 않아도 스스로를 격려할 수 있나요?
어떤 말로 자신을 응원하고 있나요?

20

20

20

26

"공부는 최상의 노후 대비책이다."

그리스 철학자 아리스토텔레스가 한 말입니다.
그는 왜 이런 말을 했을까요?

20

20

20

27

"최근에 나는 ＿＿＿＿(을)를 실패했습니다.
그 실패를 통해 ＿＿＿＿ 사실을 깨달았습니다."

20

20

20

28

배움이 있으면 그에 대한 질문도 있어야 합니다.
최근에 무엇을 배웠나요?
그것에 대해 세 가지만 질문해 보세요.

20

20

20

29

"이건 쓸모없지?"
"이건 어떤 쓸모가 있을까?"

어떤 차이가 느껴지나요?
나(아이)에게 필요한 말은 무엇일까요?

20

20

20

30

모르는 것을 알기 위해 묻는 것이 질문입니다.
질문을 해서 모른다는 걸 들키는 것이 손해일까요,
알아야 할 때 배우지 못하고 넘어가는 게 손해일까요?

20

20

20

31

인생에 필요한 진짜 공부는 뭘까요?
의자에 앉아 책을 펼치는 게 공부일까요,
의자에서 일어나 삶의 페이지를 펼치는 게 공부일까요?

20

20

20

August

진정한 경청은 무작정 다 듣는 것이 아니라

꼭 들어야 할 말에 귀를 기울이는 것이다.

세상 모든 일이 다 중요한 것은 아니다.

모든 것에 최선을 다하는 자는

무엇이 중요한지 모르는 사람일 수도 있다.

"지금 당장 해야 할 일을 찾아서 몰입하자."

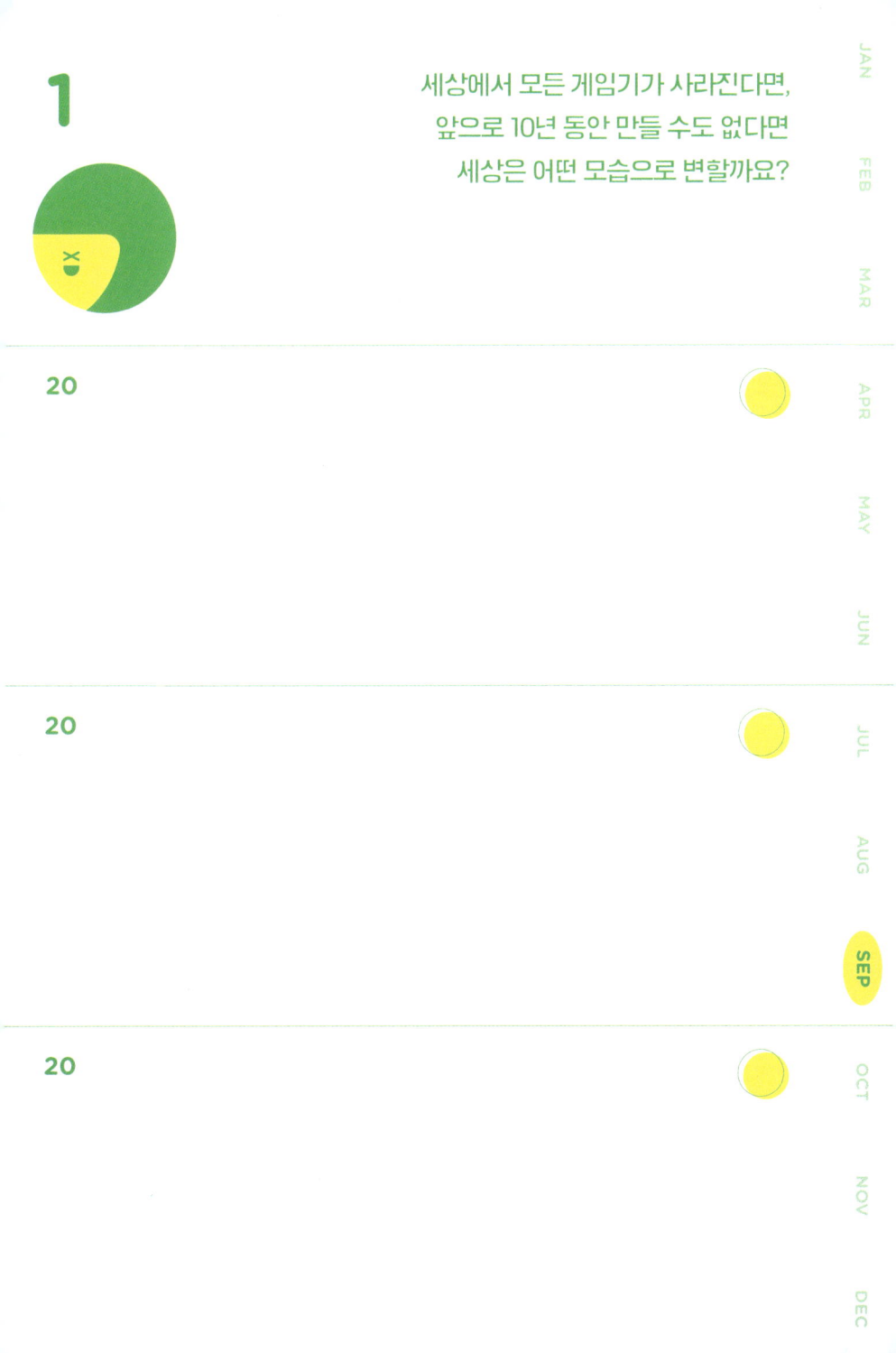

2

10분 동안 움직이지 않고
지긋이 꽃을 바라본 적이 있나요?
10분간 꽃을 관찰하면 무엇을 알게 될까요?
관찰은 우리 삶을 어떻게 바꿀 수 있을까요?

20

20

20

3

첫인상이나 느낌은 별로였는데
알면 알수록 점점 호감인 사람이 있어요.
어떤 이유로 좋아진 것 같나요?

20

20

20

JAN	**4**
FEB	
MAR	

에디슨은 왜 실패하면서도 자꾸 도전한 걸까요?
천재는 1%의 영감과 99%의 노력으로 이루어진다는
에디슨의 말은 무엇을 의미하는 걸까요?

APR **20**

MAY

JUN

JUL **20**

AUG

SEP

OCT **20**

NOV

DEC

5

갖고 싶다고 다 사면 나중에 집이 어떻게 될까요?
물건을 고르는 나만의 기준은 무엇인가요?

"나는 _____ (을)를 보고 물건을 선택합니다.
그 이유는 _____ 때문입니다."

20

20

20

6

처음 생각했던 답이 틀렸다는 게 밝혀지면
다른 방법을 찾기 위한 생각을 시작하나요,
아니면 계속 내 생각이 맞다고 우기나요?

20

20

20

7

열심히 했는데 원하는 결과가 나오지 않으면
'세상이 나를 몰라준다'고 말하게 되죠.
그런데 세상이 나를 모르는 걸까요,
내가 세상을 제대로 모르는 걸까요?

20

20

20

8

하나를 배웠는데 열을 깨닫는 사람이 있다면
그 사람에게는 어떤 비결이 있는 걸까요?

20

20

20

9

사람들은 왜 자꾸 길에 쓰레기를 버리는 걸까요?
바닥에 버려진 쓰레기는 어떻게 될까요?
쓰레기를 줄이려면 어떻게 해야 할까요?

20

20

20

10

산책과 탐험 중에 무엇이 나를 더 신나게 하나요?
그 이유가 뭐라고 생각하나요?
공부를 탐험처럼 하려면 어떻게 하면 될까요?

20

20

20

11

나는 '고민'을 하나요, 아니면 '생각'을 하나요?
고민은 단순히 괴로워하는 상태를,
생각은 풀리지 않는 문제를 푸는 상태를 말하죠.
더 멋진 생각을 하려면 무엇을 배워야 할까요?

20

20

20

12

오늘 학교와 학원 그리고 일상에서 무엇을 배웠나요?
오늘 배운 그것에 대한 나의 생각을 써 보세요.

JAN **FEB** **MAR**

APR **MAY** **JUN**

20

JUL **AUG** **SEP**

20

OCT **NOV** **DEC**

20

13

단독주택, 빌라, 아파트, 오피스텔 등
세상에는 정말 다양한 형태의 주거 공간이 있죠.
그런데 왜 아파트를 선호하는 사람이 많은 걸까요?
나는 어떤 형태의 집이 좋은가요?

20

20

20

JAN **14**	
FEB	배움의 속도가 모두 다른 이유가 뭘까요?
	같은 상황에서 같은 것을 배우지만
MAR	결과는 다른 이유가 뭘까요?

APR **20**

MAY

JUN

JUL **20**

AUG

SEP

OCT **20**

NOV

DEC

15

인간이 살아가는 데 꼭 필요한 덕목은 무엇일까요?
무엇이 우리 삶에 가장 큰 영향을 준다고 생각하나요?
세 가지만 생각해 보세요.
그리고 각각 이유를 적어 보세요.

20

20

20

16

무조건 비싸게 팔리는 작품이 좋은 예술 작품일까요?
가장 좋은 예술 작품이란 무엇을 말하는 걸까요?

"좋은 예술 작품은 _____(이)가 뛰어난 것입니다.
그 이유는 _____ 때문입니다."

20

20

20

17

내가 가장 좋아하는 책은 책장 어디에 꽂혀 있나요?
그렇다면 편의점에서 가장 많이 팔리는 물건은
어디에 놓여 있을까요?

20

20

20

18

JAN
FEB
MAR

오늘은 학교에서 어떤 멋진 질문을 했나요?
그 질문으로 어떤 사실을 새롭게 알게 되었나요?

APR · 20

MAY

JUN

JUL · 20

AUG

SEP

OCT · 20

NOV

DEC

19

인간이 먹지 않아도 살 수 있다면 세상은 어떻게 될까요?
각종 동물과 생선 그리고 식당의 운명은 어떻게 될까요?
지구의 미래는 어떤 모습일까요?

20

20

20

JAN		
FEB	**20**	인공 지능은 인간보다 뛰어난 존재일까요?
MAR		인간은 어떤 부분에서 인공 지능보다 뛰어날까요?
		인공 지능과 평화롭게 살기 위해서는 어떻게 해야 할까요?

APR		
MAY	**20**	
JUN		

JUL		
AUG	**20**	
SEP		

OCT		
NOV	**20**	
DEC		

21

스스로 생각하고, 생각한 것을 실천하는 건 왜 힘들까요?
어떻게 하면 첫 마음을 잃지 않고 실천에 옮길 수 있을까요?

20

20

20

22

"여기에서 나는 무엇을 배울 수 있을까?"

어디에서든 무언가를 배우는 사람은 이렇게 말합니다.
이렇게 질문하면 일상이 어떻게 바뀔까요?
나에게 질문해 보고 실제로 달라진 경험을 써 보세요.

20

20

20

23

철학과 과학, 건축과 음악, 그리고 문학과 농사 중에서
인류의 기원을 가장 잘 설명할 수 있는 것은 무엇일까요?
왜 그렇게 생각하나요?

20

20

20

24

풀리지 않는 문제를 만났을 때
얼마나 많은 시간을 투자하나요?
어떻게든 해결하나요, 힘들면 포기하나요?

JAN
FEB
MAR

APR **20**

MAY

JUN

JUL **20**

AUG

SEP

OCT **20**

NOV

DEC

25

내가 얻은 지식은 삶의 지혜로 쌓이나요,
아니면 고정관념이 되어 독으로 작용하나요?

20

20

20

26

"들은 것은 잊어버리고, 본 것은 기억한다.
그러나 직접 해 본 것은 깊이 이해하게 된다."

무언가를 배울 때 가장 중요한 것은
_____ (이)라는 말입니다.
그 이유가 무엇이라고 생각하나요?

20

20

20

27

"그건 틀렸어."
"너는 나와 다르구나."

친구의 생각이 내 생각과 다를 때
둘 중에 어떤 말이 친구의 생각을 존중하는 걸까요?

20

20

20

28

무언가를 배울 때 어떤 생각을 하나요?
정답을 찾을 때만 기쁨을 느끼나요,
그 과정에서도 희열을 느끼고 있나요?

20

20

20

29

나는 지식을 그저 쌓기만 하나요,
일상에서 활용할 방법도 생각하고 있나요?

20

20

20

30

흔들리는 세상에서도 길을 잃지 않는 사람은 누굴까요?
나는 다른 사람의 말에 의존하지 않고
나의 경험을 사랑할 수 있나요?

JAN
FEB
MAR

APR — 20
MAY
JUN

JUL — 20
AUG
SEP

OCT — 20
NOV
DEC

September

독서와 글쓰기는 지성을 키우기 위한 좋은 방법입니다.

하지만 지금 책을 읽지 않거나 글을 쓰지 않는다고

그 시간이 쓸모없다고 생각하진 말아요.

책을 읽지 않고 글을 쓰지 않는 순간은

눈과 마음이 편안하게 쉬는 시간이니까요.

"나의 하루 중에 쓸모없는 시간은 없습니다."

1

스스로를 자주 칭찬하고 있나요?
좋은 기억을 자주 떠올리며 사는 건 중요하답니다.
최근에 가장 뿌듯했던 일은 무엇인가요?

JAN / FEB / MAR

APR / MAY / JUN — 20

JUL / AUG / SEP — 20

OCT / NOV / DEC — 20

2

"무엇이든 할 수 있다는 자신감은 _____ 에서 나온다고 생각합니다.
그 이유는 _____ 때문입니다."

20

20

20

3

나를 '얄미운 아이'라고 부르는 게 좋나요,
'믿음직한 아이'라고 부르는 게 좋나요?
어떤 말이 내 마음을 단단하게 만들어 주나요?
그렇게 생각하는 이유가 뭘까요?

20

20

20

4

내면이 탄탄하다는 것은 무엇을 의미할까요?
무거운 짐을 번쩍 들어 올린 사람이 강한가요,
마음의 짐을 가볍게 내려놓은 사람이 강한가요?

20

20

20

5

누군가 나를 화나게 한 적이 있나요?
그때 상황을 한번 떠올려 봐요.
화를 내서 가장 상처 입은 사람은 누구였나요?

20

20

20

6

"나를 싫어하는 사람은 나도 안 좋아하면 그만입니다."

가수 아이유가 악플에 대처하는 방법이래요.
모든 사람이 꼭 나를 좋아해야 할까요?

20

20

20

JAN / FEB / MAR	**7** 왜 나의 소신을 세상에 당당하게 밝히기 힘든 걸까요? 거절당하고 미움 받을 용기를 내면 어떨까요?
APR / MAY / JUN	20
JUL / AUG / SEP	20
OCT / NOV / DEC	20

8

사람들이 모두 화를 내는 상황에서
분노하지 않고 상대를 용서할 때, 기분이 어때요?
한 대 맞으면 똑같이 갚아 주는 것만이 최선의 방법일까요?

20

20

20

9

지금 나를 가장 힘들게 하는 게 무엇인가요?
그걸 견디게 하는 힘은 어디에 있나요?

APR	20
JUL	20
OCT	20

10

높은 산을 오르는 산악인들에게는
남들에게 없는 뛰어난 능력이 있는 걸까요?
힘들어서 포기하고 싶을 때
그들은 어떻게 이겨냈을까요?

20

20

20

JAN	**11**
FEB	좋아하는 일과 잘하는 일이 같을 수 있을까요?
MAR	그게 일치하는 사람에게는 어떤 비밀이 있을까요?

APR 20

MAY

JUN

JUL 20

AUG

SEP

OCT 20

NOV

DEC

12

하던 일이 잘 되지 않을 때 왜 답답할까요?
마음이 답답할 때는 어디에서 뭘 하고 싶나요?

" _____ 에서 _____ (을)를 하고 싶어요.
그 이유는 그렇게 하면서 _____ 때문이죠."

20

20

20

13

가장 두려워하는 것을 극복하면 내면이 강해져요.
요즘 가장 두려운 것은 무엇인가요?
어떻게 하면 그걸 극복할 수 있을까요?

20

20

20

14 밥을 지을 때 밥솥에서는 뜨거운 수증기가 나옵니다.
밥솥 안에서는 무슨 일이 일어나고 있을까요?
분노의 수증기를 내뿜는 나의 내면은 어떤 상태일까요?

20

20

20

15

마음에 비가 내리듯 우울한 날,
무작정 피하고 억지로 웃는 게 좋을까요?
우울한 이유가 무엇인지 생각하며
아픈 마음을 이해하려고 노력하는 게 좋을까요?

20

20

20

16

자기 주관이 분명한 사람의 선택은 무엇이 다를까요?
수백 명이 달려가는 곳을 무작정 따라간 사람과
수백 명이 떠난 곳에서 홀로 자리를 지키는 사람,
누가 더 분명한 자기 주관을 가진 사람일까요?

20

20

20

17

부모는 많이 아는 사람인가요,
아이를 자주 안아 주는 사람인가요?
오늘은 부모님이 나를 안아 주며
어떤 말을 해 주면 좋을까요?

20

20

20

18

왜 항상 시험지를 받으면 떨릴까요?
중요한 일을 앞두고 두려운 이유가 뭘까요?

20

20

20

19

세상에서 가장 강인한 내면을 가진 사람은 강력한 힘으로 상대를 제압하는 사람일까요, 혼자서 긴 시간을 보낼 수 있는 사람일까요?

20

20

20

20

부모가 늘 아이의 하루를 걱정하는 것은 좋은 일일까요?
걱정이라는 끈에 두 다리를 묶인 채 걸어갈 수 있을까요?

20

20

20

JAN	**21**
FEB	
MAR	

좋은 선물이란 내가 주고 싶은 것을 주는 것일까요, 상대가 받고 싶은 것을 주는 것일까요?

"좋은 선물이란 _____ (을)를 의미합니다.
그 이유는 _____ 때문입니다."

APR 20

MAY

JUN

JUL 20

AUG

SEP

OCT 20

NOV

DEC

22

말하는 게 중요할까요, 듣는 게 중요할까요?
상대방의 말을 공경하는 마음으로 들으면
무엇을 배우게 될까요?
내가 말할 때 딴짓을 하는 사람이 있다면
기분이 어떨 것 같나요?

20

20

20

JAN	
FEB	**23**
MAR	

"실패란 ＿＿＿＿＿ (이)라고 생각합니다.
그 이유는 ＿＿＿＿＿ 때문입니다."

APR **20**

MAY

JUN

JUL **20**

AUG

SEP

OCT **20**

NOV

DEC

24

세상에서 가장 아름다운 옷은 뭘까요?
멋진 옷으로 갈아입었다고 멋진 사람이 될까요?

20

20

20

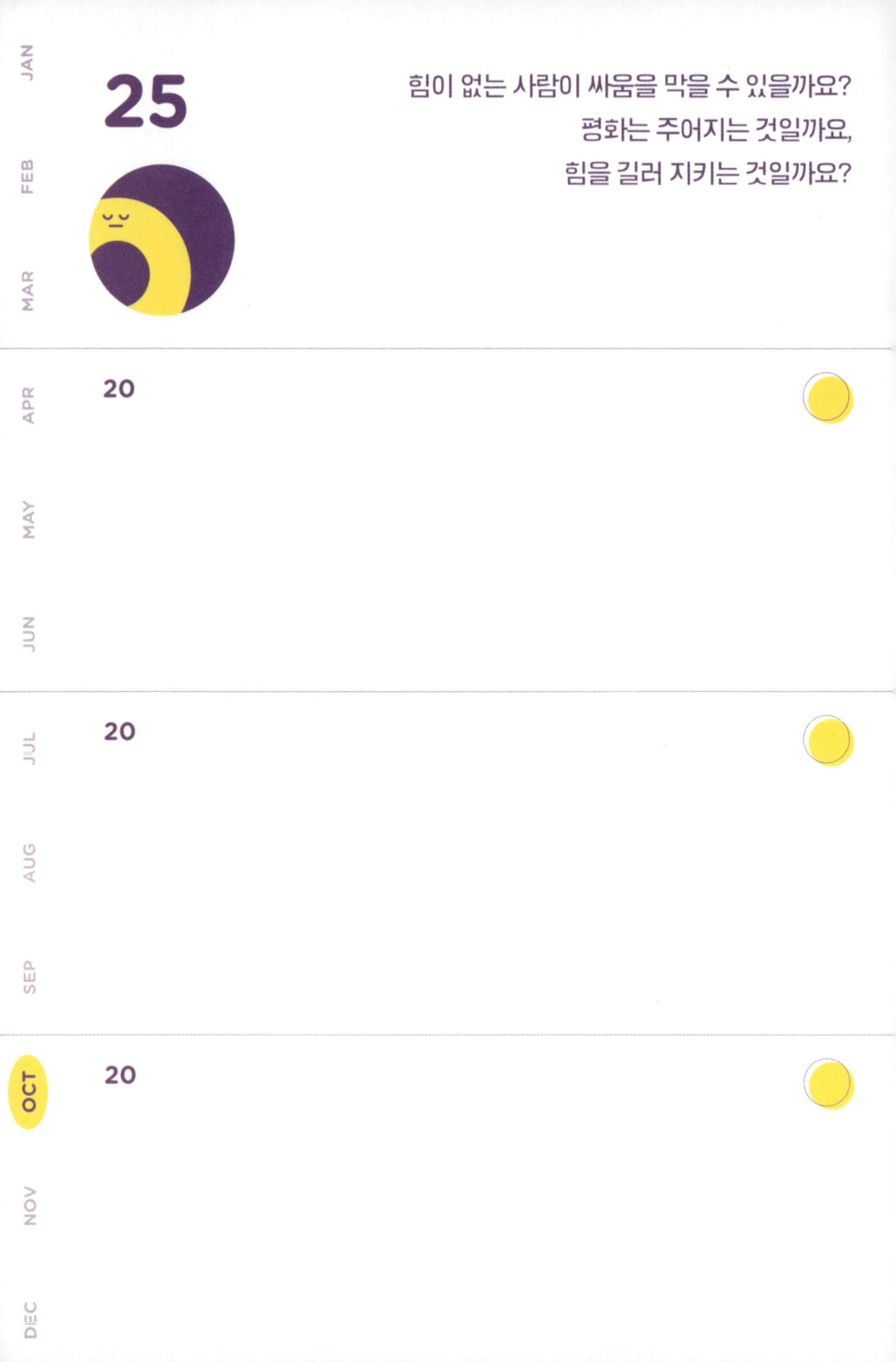

25

힘이 없는 사람이 싸움을 막을 수 있을까요?
평화는 주어지는 것일까요,
힘을 길러 지키는 것일까요?

26

나는 하루를 마치고 잠들 때
자신에게 어떤 이야기를 들려주나요?
오늘은 어떤 이야기를 들려줄 예정인가요?

20

20

20

27

시간 약속을 지키지 않은 친구에게 화를 내야 할까요,
늦은 이유에 대해 물어보는 것이 좋을까요?
실제로 그런 경험이 있다면 써 보세요.

20

20

20

28

왜 우리는 약자의 편에 서야 하는 걸까요?
스스로 중심을 잡지 못한 사람이 남을 도울 수 있을까요?
약자를 돕기 위해 우리 자신에게 필요한 것은 무엇일까요?

20

20

20

JAN	**29**

부모님의 모습에서 배우고 싶은 것이 있나요?
왜 그런 생각을 했나요?
내가 만약 부모님이라면 무엇을 보여줄 생각인가요?

APR 20

JUL 20

OCT 20

30

누군가를 도저히 용서할 수 없던 때가 있었나요?
용서하지 않아서 얻은 것은 무엇이었나요?

20

20

20

JAN	
FEB	**31**
MAR	

같은 상황에서도 누구는 불행하고
누구는 행복한 이유가 뭘까요?
부모님과 내가 행복한 이유는 서로 같을까요, 다를까요?
서로의 행복에 대해 부모님과 함께 이야기를 나눠 봐요.

APR 20

MAY

JUN

JUL 20

AUG

SEP

OCT 20

NOV

DEC

October

살다 보면 내면을 뒤흔들 만큼 분노가 끓어오를 때가 있죠.

그런 자신을 부끄럽게 생각할 필요는 없습니다.

때때로 무섭도록 분노가 자신을 지배할 때

그것을 회피하거나 부끄럽게 생각하지 말아요.

나를 희생하면서까지 지켜야 할 것은 세상에 없습니다.

"무엇보다 내 마음이 우선입니다."

1

시간은 많은데 쓸 돈이 없는 사람,
반대로 돈은 많은데 시간이 없는 사람.
둘 중에 어떤 사람이 되고 싶나요?
시간과 돈 중에 무엇이 더 중요할까요?

20

20

20

2

미운 사람이 생겼을 때,
싸움은 지혜로운 선택일까요?
세상에 좋은 싸움이 있다고 생각하나요?

20

20

20

3

우리는 왜 힘들게 일하며 사는 걸까요?
일하지 않아도 먹고살 수 있다면
세상은 어떻게 될까요?

20

20

20

4

"학교 가기 싫어. 난 게임만 하고 싶단 말이야."
이 글에서 의무는 _____ 이고, 권리는 _____ 입니다.
의무와 권리 중에 무엇이 먼저라고 생각하나요?

20

20

20

5

열심히 노력해도 안되는 게 있나요?
아무리 노력해도 잘 안되는 이유는 뭘까요?

20

20

20

6

같은 것을 봐도 모두 생각이 다른 이유는 뭘까요?
나와 다른 생각을 하는 친구를 만나면 기분이 어떤가요?

20

20

20

7

"기품은 지키되 사치하지 말고, 지성을 갖추되 자랑하지 말라."

조선시대 화가이자 문인인 신사임당은 이렇게 말했죠. 사치하지 않고 자랑하지 않으려면 어떻게 해야 할까요?

20

20

20

8

"내가 생각하는 기품은 _____ 입니다.
내가 생각하는 인성은 _____ 입니다."

그렇게 생각하는 이유를 글로 써 보세요.

20

20

20

9

아이가 훌륭한 인성을 지닌 사람으로 성장하려면 부모의 어떤 노력이 필요할까요? 이번 주에 실천할 것을 세 가지만 적어 보세요.

20

20

20

10

같은 일을 하면서도 다른 대우를 받는 이유는 뭘까요?
왜 어떤 사람은 존경을 받고,
어떤 사람은 미움을 받을까요?

20

20

20

11

사람이 보석처럼 빛난다는 말의 의미는 뭘까요?
이 세상에서 보석이 가장 많은 곳은 어디일까요?

20

20

20

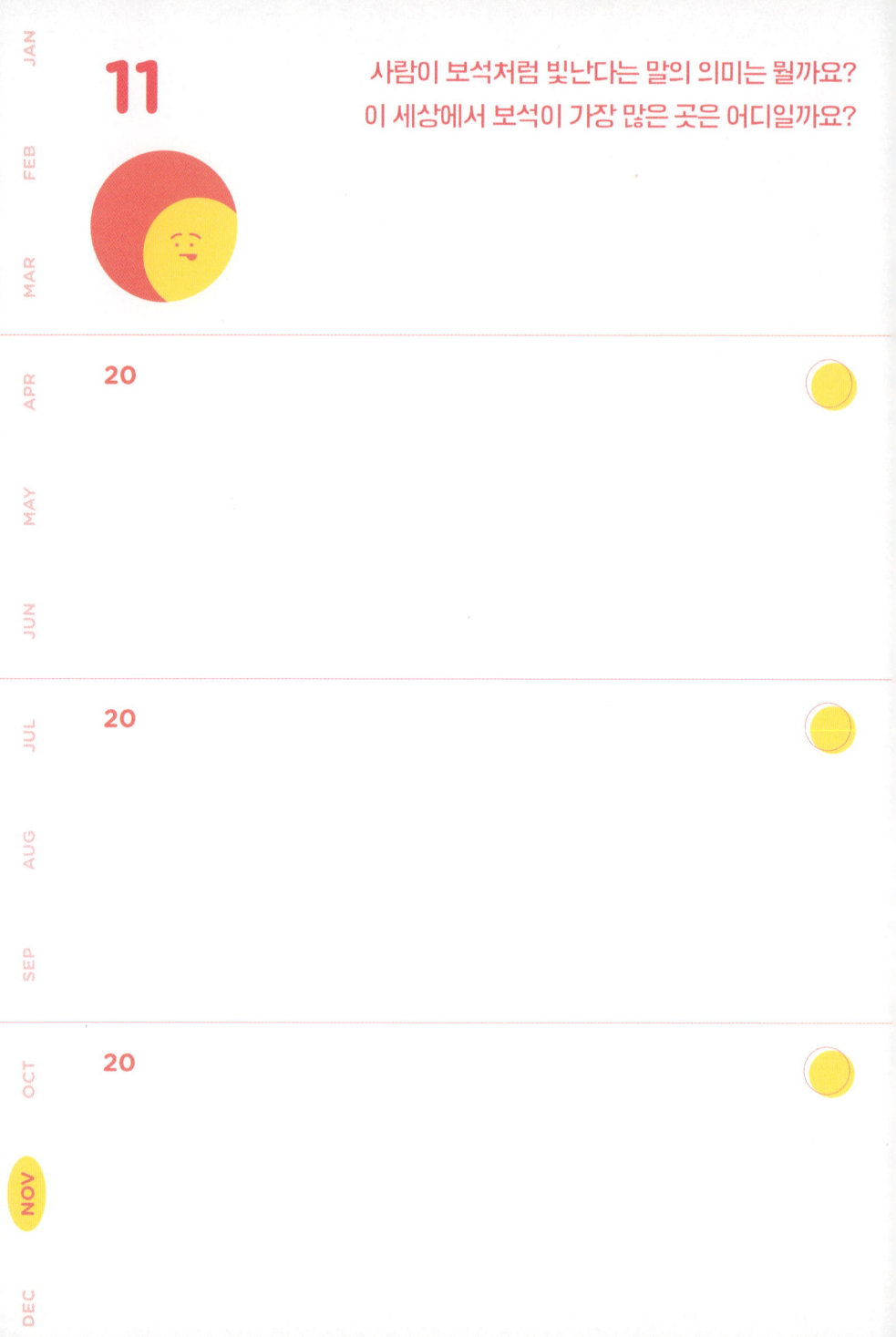

12

"저는 평범한 직장인이 되는 게 꿈입니다."
'직장인'이라는 말과 '평범한'이라는 표현이 어떤가요?
처음부터 특별한 것이 세상에 있을까요?
특별한 것은 어떻게 탄생하는 걸까요?

20

20

20

13

과자를 먹고 이를 닦지 않으면 어떻게 될까요?
내 안에 있는 나쁜 부분을 고치지 않고
그대로 살면 나중에 어떻게 될까요?

20

20

20

14

정의와 도덕에 대해 생각해 본 적이 있나요?
정의의 손가락은 타인을 향하고 있지만
도덕의 손가락은 늘 자신을 향하고 있죠.
세상이 아름다워지려면 무엇이 더 필요할까요?

20

20

20

15

왜 독일의 엘리베이터에는 닫힘 버튼이 없을까요?
기다릴 줄 아는 여유는 우리에게 무엇을 가져다 줄까요?

JAN
FEB
MAR

20

APR
MAY
JUN

20

JUL
AUG
SEP

20

OCT
NOV
DEC

16

내성적인 사람이란 어떤 사람을 말하는 걸까요?
사람이 상황을 바꾸는 걸까요,
상황이 사람을 바꾸는 걸까요?

20

20

20

17

잠자기 전에 꼭 해야 할 중요한 일이 뭘까요?
그걸 하지 않고 잠들면 다음 날 아침에 어떻게 될까요?
오늘 꼭 해야 할 중요한 일을 세 가지만 써 보세요.

20

20

20

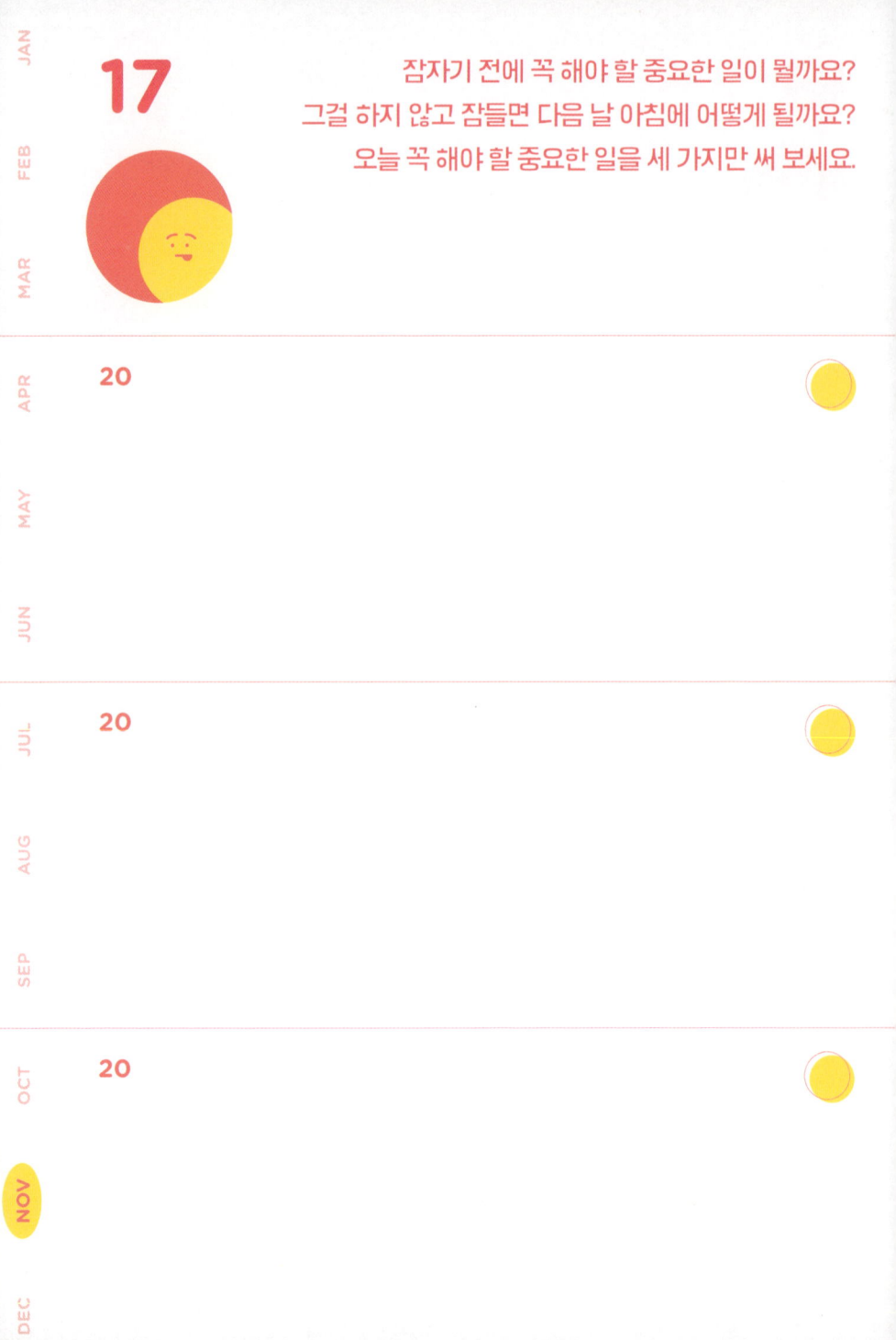

18

공부는 일등인데 책상은 지저분한 친구, 어때요?
공부만 잘하면 다른 건 못해도 괜찮은 걸까요?

20

20

20

19

부모님과 대화할 때 오해가 생기는 이유가 뭘까요?
속에 있는 마음을 전하는 게 왜 이렇게 힘든 걸까요?
어떤 생각으로 대화를 나눠야 더 따스한 관계가 될까요?

20

20

20

20

청소하라고 말로만 외치는 사람과
쓰레기를 줍는 사람 중에 누가 더 멋진 사람일까요?
도덕적으로 행동해야 하는 이유가 뭘까요?
말로만 외친다고 세상이 바뀔 수 있을까요?

20

20

20

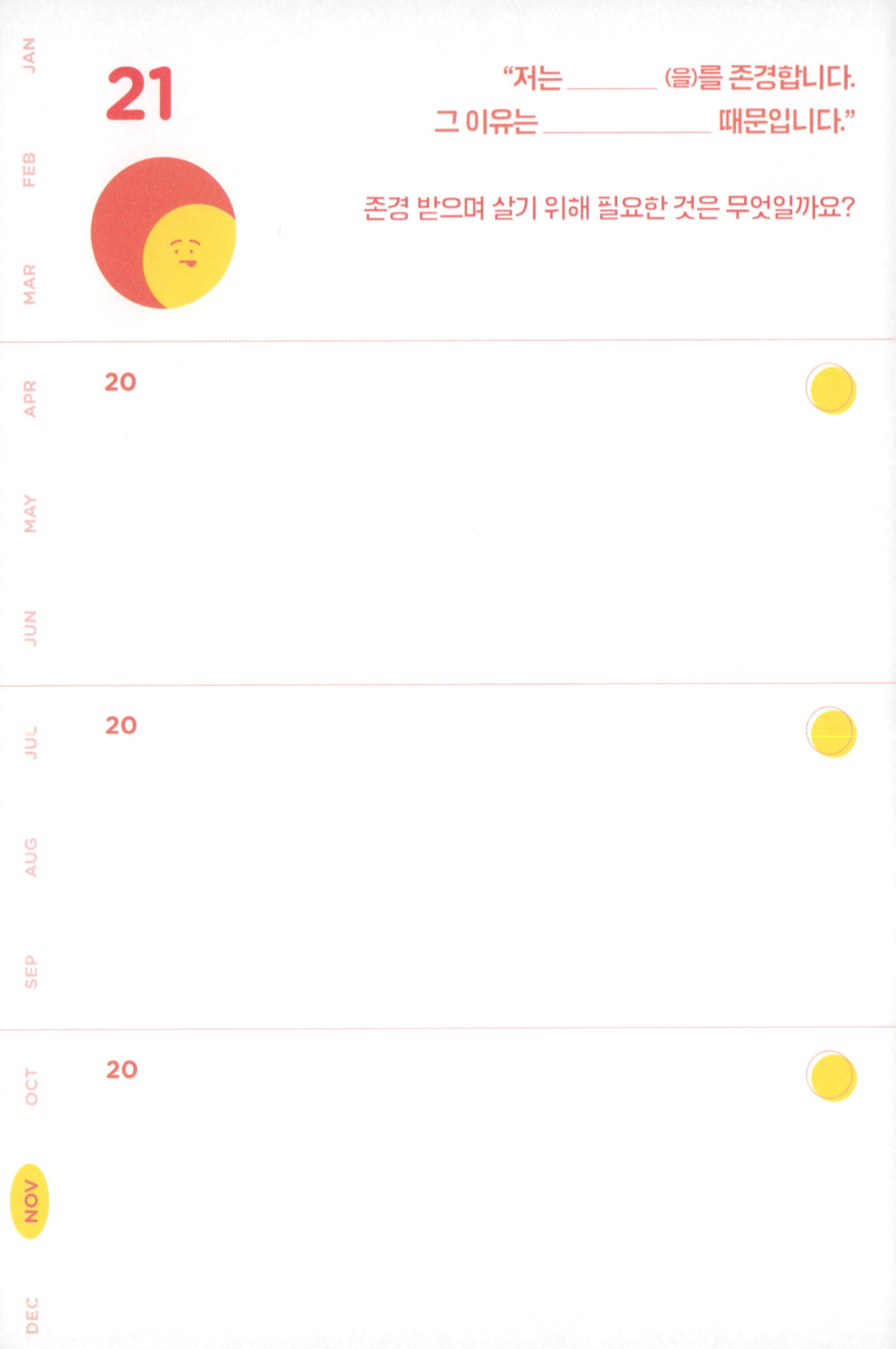

21

"저는 _____(을)를 존경합니다.
그 이유는 _____ 때문입니다."

존경 받으며 살기 위해 필요한 것은 무엇일까요?

20

20

20

22

우리의 대화가 자꾸만 오해로 이어지는 이유는 뭘까요?
나는 누군가와 대화할 때 내 의견을 주장하려고 하나요,
아니면 좋은 마음을 상대방에게 전하려고 하나요?

20

20

20

| JAN |
| FEB |
| MAR |

23

왜 사람들은 자신의 생각을 남에게 강요할까요?
모든 생각을 담을 수 있는 사람의 마음은 어떤 모양일까요?

| APR |
| MAY |
| JUN |

20

| JUL |
| AUG |
| SEP |

20

| OCT |
| NOV |
| DEC |

20

24

사람은 누가 억지로 바꾸는 것일까요,
아니면 스스로 바뀌는 것일까요?
아이가 스스로 바뀌려면 부모는 무엇을 해야 할까요?

20

20

20

JAN	
FEB	**25**
MAR	

"더 이상 모차르트의 음악을 들을 수 없는 것."

아인슈타인은 자신의 죽음을 이렇게 표현했습니다.
죽음이란 대체 무엇일까요?
죽으면 더는 할 수 없는 것은 무엇일까요?

APR 20

MAY

JUN

JUL 20

AUG

SEP

OCT 20

NOV

DEC

26

가장 좋아하는 물건이 무엇인가요?
그 물건이 사람처럼 말을 할 수 있다면
그래서 딱 한 가지 질문을 할 수 있다면
묻고 싶은 것이 무엇인지 그 이유도 함께 써 보세요.

20

20

20

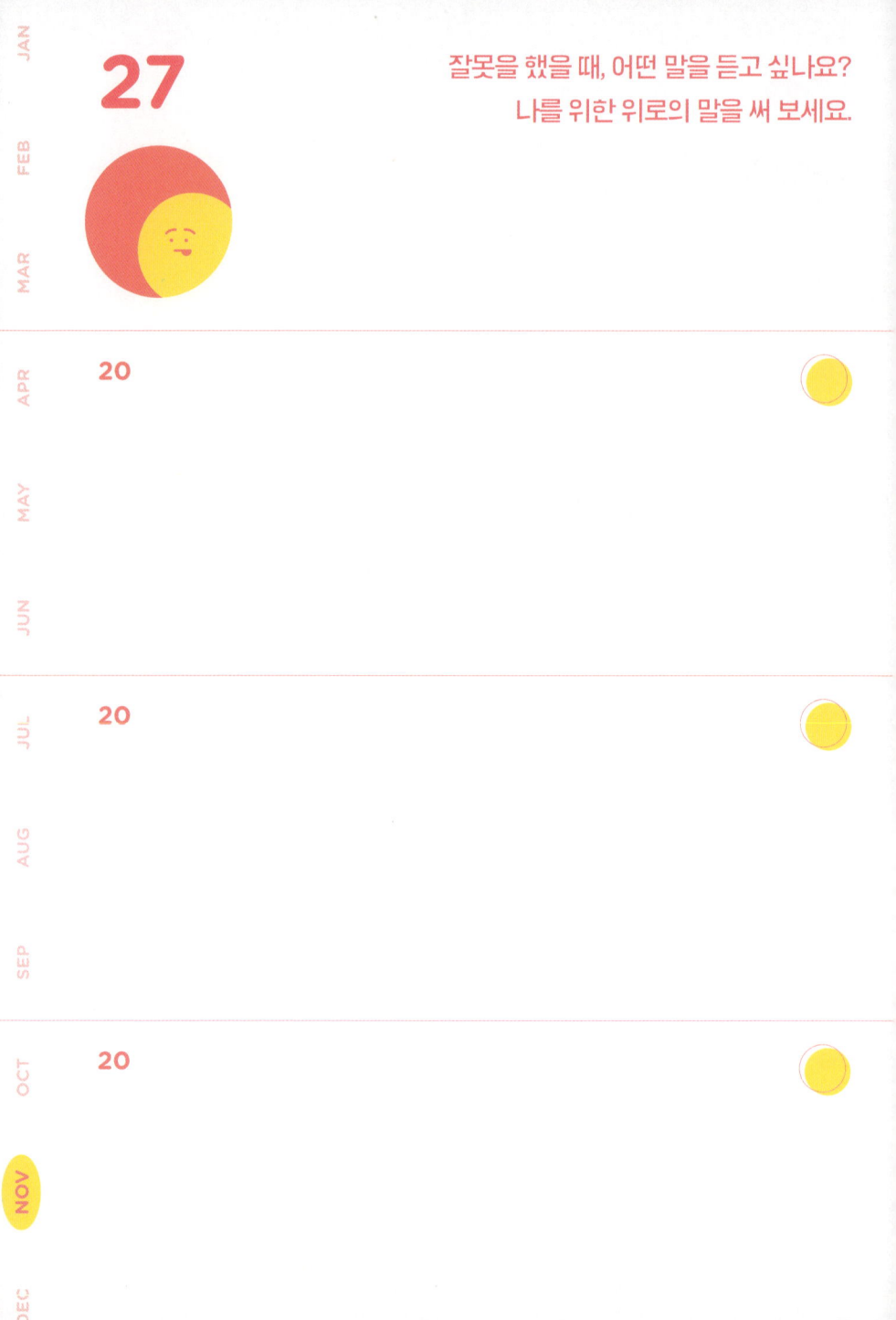

27

잘못을 했을 때, 어떤 말을 듣고 싶나요?
나를 위한 위로의 말을 써 보세요.

20

20

20

28

"나는 반드시 할 수 있다."
"내가 과연 할 수 있을까?"

자신이 맡은 일을 잘 해내는 사람은
둘 중에 어떤 표현을 더 자주 쓸까요?
그렇게 생각한 이유는 무엇인가요?

20

20

20

29

어떤 선물을 받을 때 가장 기분이 좋은가요?
내가 부모님께 줄 수 있는 가장 큰 선물은 뭘까요?

20

20

20

30

아이에게 사랑만 주면 부모의 역할은 끝일까요?
내가 주는 것만 사랑일까요,
상대에게 받는 것까지가 사랑의 완성일까요?

20

20

20

November

"오늘은 무슨 생각을 했니?"

힘든 이 세상에서 생각만이라도 아름답게 해 보자.

이 어두운 골목을 지나면 빛나는 햇살이 기다리고 있을 거야.

더 좋은 날은 지금 우리에게 오고 있어.

우리 자신의 행복을 위해 늘 좋은 기분으로 살자.

"기분은 생각이 되고, 생각은 인생을 결정하니까."

1

나는 세상으로부터 어떤 선물을 받았나요?
그 선물을 가장 가치 있게 쓰려면 어떻게 해야 할까요?

"저는 ＿＿＿＿＿(을)를 정말 잘할 수 있어요."

20

20

20

2

칭찬을 자주 하는 건 왜 좋을까요?
그 가치를 아는 사람만 칭찬할 수 있기 때문이죠.
나는 최근에 무엇을 보며 칭찬을 했나요?
그 안에서 어떤 가치를 발견했나요?

20

20

20

3

매일 하루를 시작할 때마다 나에게 물어보세요.

"나는 왜 이 일을 (공부를) 할까?"
"내가 내딛는 한 걸음에는 어떤 의미가 있을까?"

20

20

20

4

세 번 쓰면 외울 단어를 굳이 열 번 쓸 필요가 있을까요?
내 일상에서 쓸데없이 버려지는 시간은 어디에 있을까요?
오전과 오후 그리고 저녁으로 나눠 생각해 보세요.

20

20

20

5

선생님이 질문하라고 하면 어떤 생각이 드나요?
정말 내가 궁금한 것을 묻나요,
대충 시간을 보내기 위해 아무거나 묻나요?

20

20

20

6

집 앞 편의점에서 파는 생수와
산꼭대기에서 파는 생수 중에 뭐가 더 비쌀까요?
같은 물인데 가치가 다른 이유는 무엇일까요?

20

20

20

7

불행은 누구에게나 똑같이 찾아오는 손님이죠.
그럴 때마다 "왜 나만?"이라고 생각하며 회피하나요,
"왜 내가 아니어야 하는가?"라고 생각하며 극복하나요?

20

20

20

8

무엇이 됐든 잘하면 예술이 되지요.
친구가 열심히 게임하는 모습을 보며
예술적으로 잘한다는 생각이 들었던 순간이 있나요?
어떻게 하면 예술적인 능력을 키울 수 있을까요?

20

20

20

9

어떤 사람이 부자라고 생각하나요?

"저는 _____ (이)가 부자라고 생각합니다.
그 이유는 _____ 때문입니다."

20

20

20

10

아이디어만 있으면 새로운 것이 저절로 만들어질까요?
아이디어를 현실화하려면 어떤 과정이 필요할까요?
유튜브에 올릴 영상을 만든다고 생각하며 써 보세요.

20

20

20

11

물건을 사고 남은 돈을 저축하는 사람과
저축하고 남은 돈으로 물건을 사는 사람 중에
누가 더 돈을 가치 있게 썼다고 생각하나요?

20

20

20

12

요즘 반드시 해야 할 일을 하고 있나요,
아니면 굳이 할 필요 없는 일을 하고 있나요?
스스로 생각할 때 반드시 해야 할 일은 무엇인가요?

20

20

20

13

"누구나 자기 안에 보물을 간직하고 있습니다."

중요한 것은 눈에 보이지 않는다는 사실을 알고 있나요?
그런데 왜 자꾸 눈으로 확인하려고 하나요?

20

20

20

14

우리가 꽃의 가치를 몰랐다면
꽃의 운명은 어떻게 되었을까요?
가치는 생명에게 어떤 영향을 주나요?

20

20

20

15

게임을 하거나 유튜브를 보면 시간이 금방 지나가죠.
그것 말고 또 무엇을 할 때 시간이 금방 사라지나요?
그 이유는 무엇이라고 생각하나요?

20

20

20

16

자신의 가치를 제대로 아는 사람은
자신이 배운 지식의 가치도 알고 있습니다.
배우기만 하고 써먹지 못하는 이유는 뭘까요?

20

20

20

친구를 말로 이기는 것에 집착하나요?
그렇게 이기면 승자가 되는 걸까요?
말로 이기는 것보다 더 중요한 건 뭘까요?

20

20

20

18

최근에 칭찬을 들은 적이 있나요?
누가, 언제, 어떤 이유로 칭찬했나요?
그 일은 내가 정말 원해서 한 일이었나요?

20

20

20

19

가격은 세상이 정하는 숫자이지만,
가치는 스스로 정하는 숫자입니다.
나의 가치는 어느 정도일까요?

"저의 가치는 _____ (이)라고 생각합니다.
그 이유는 _____ 때문입니다."

20

20

20

20

AI가 인간을 지배하는 날이 온다고 생각하나요?
기술이 발전하면 인간의 삶은 어떻게 변할까요?

20

20

20

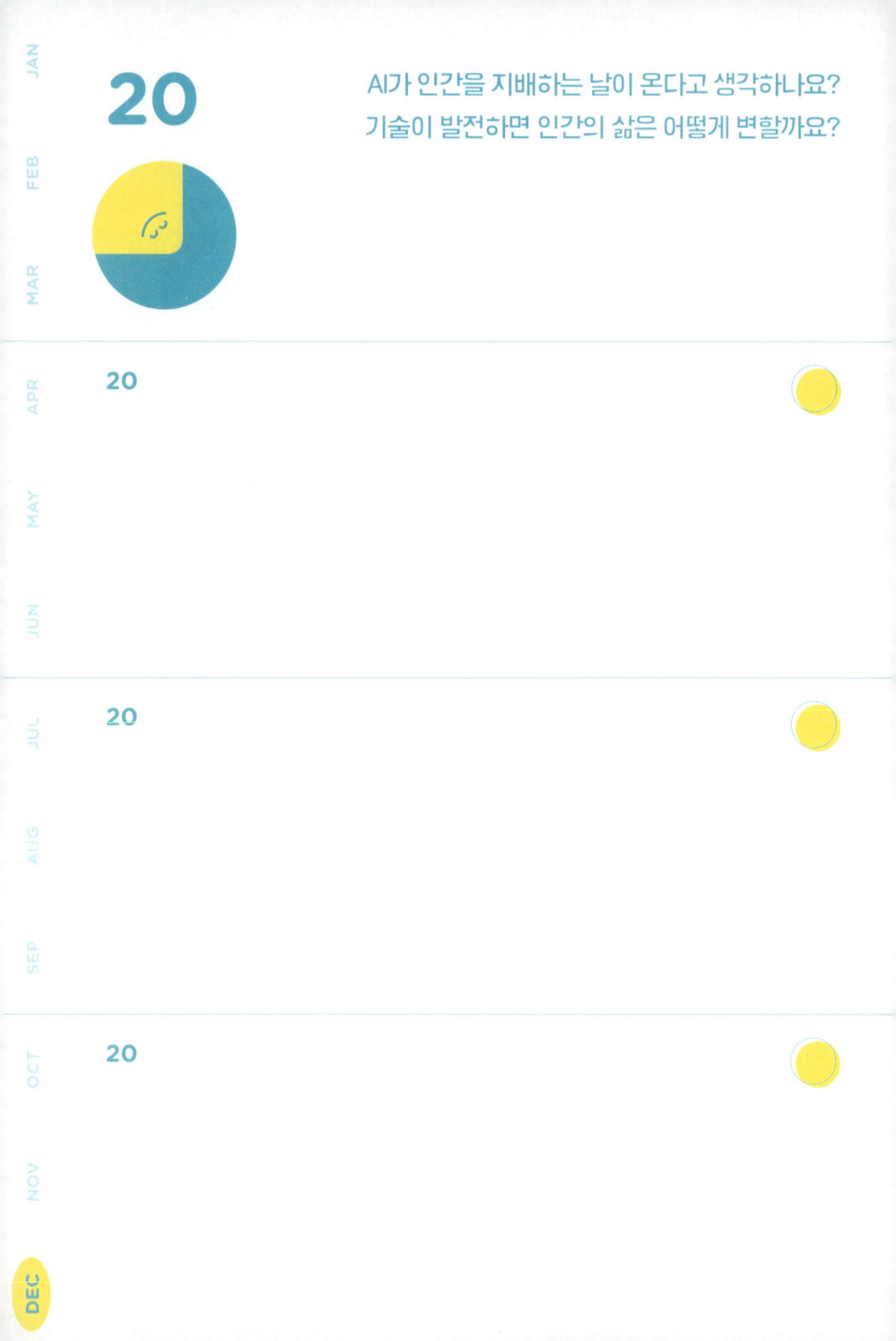

21

미식가는 고급 식당에서 비싼 음식을 먹는 사람일까요?
'비싸다'와 '맛있다'는 같은 말일까요?
미식가는 어떤 사람을 말하는 걸까요?

20

20

20

22

나무를 볼 때 가지 끝에 달린 열매를 보나요,
나무뿌리부터 가지를 따라 열매가 맺히는 과정을 보나요?
결실과 과정 중에 뭐가 더 중요하다고 생각하나요?

20

20

20

23

레고나 블록을 조립하는 걸 좋아하나요?
장난감을 멋지게 완성하는 것이 중요한가요,
아니면 열심히 만든 과정이 중요한가요?
그렇게 생각하는 이유는 무엇인가요?

20

20

20

24

'시간'과 '효율' 중에 나에게 더 중요한 것은 무엇인가요?
가성비가 좋은 식당에서 줄을 서서 먹는 게 좋은가요,
돈을 조금 더 내더라도 기다리지 않는 식당이 좋은가요?

20

20

20

25

과학자 뉴턴은 ___ 나무에서 ___ 가 떨어지는 모습을 보며 '만유인력의 법칙'을 발견했죠. 나에게도 늘 주의 깊게 바라보는 사물이 있나요?

20

20

20

26

무언가를 배울 때 나에게 충분한 시간을 주고 있나요?
무조건 빠르게 배우는 게 중요할까요,
느리더라도 제대로 배우는 게 중요할까요?

20

20

20

27

나의 질문 상자에는 어떤 질문이 들어 있나요?
타인에게서 출발한 질문을 갖고 있나요,
나에게서 출발한 질문을 갖고 있나요?

20

20

20

28

노력 없이 얻을 수 있는 것에는 무엇이 있을까요?
" _____ , _____ , _____ , _____ , _____ "
빈칸에 적은 그것들은 가치가 있는 것들인가요?
우리는 왜 노력하며 살아야 할까요?

20

20

20

29

무언가를 하지 않고 생각으로만 그친 적이 있나요?
만약 그때 그것을 실행했다면 어떤 일이 일어났을까요?

20

20

20

30

나는 지금 내가 사랑하는 일을(공부를) 하고 있나요?
아니면 누군가가 떠맡긴 일을 하고 있나요?
내가 사랑하는 일이 무엇인지 글로 써 보세요.

31

1월 1일부터 새로 도전하고 싶은 일이 있나요?

"저는 _____(을)를 해보려고 합니다.
그것을 하면 _____ 때문입니다."

20

20

20

December

멋진 사람이 되려고 더 배울 필요는 없습니다.

모든 것은 이미 내 안에 있으니까요.

공부하는 내 방을 밝히는 것은 스탠드이지만

공부를 향한 마음의 빛을 밝히는 건 나를 사랑하는 마음입니다.

그저 지금의 자신을 더 사랑하기로 해요.

"세상에서 가장 아름다운 빛은 내 안에 있습니다."

♥ 인문학 습관을 갖게 된 ♥

20   .   에게

♥ 생각하는 힘이 단단해진 ♥

20   .   에게

♥ 내면의 가능성을 깨우친 ♥

20   .   에게

저자 김종원

수많은 부모가 신뢰하는 인문 교육 전문가이자 다양한 연령층에 인문학을 대중화시키기 위해 활동하는 콘텐츠 디렉터. 마음의 눈으로 세상을 바라보며 사색과 창작의 결과를 예리하면서도 따뜻한 문장으로 풀어낸다. 대한민국에 필사와 낭독 열풍을 일으킨 그의 글은 수많은 독자에게 커다란 울림을 선사한다. 인문학을 독특한 주제와 방식으로 변주하는 데에도 관심이 많아 다양한 분야에서 수십 권의 책을 썼다. 대표작인 『아이를 위한 하루 한 줄 인문학』 시리즈를 포함해 『하루 한 장 365 인문학 달력』, 『부모 인문학 수업』, 『하루 한마디 인문학 질문의 기적』, 『매일 인문학 공부』, 『문해력 공부』, 『인간을 바꾸는 5가지 법칙』, 『말의 서랍』, 『사랑할 수도 미워할 수도 없을 때 인생은 빛난다』 등 다수가 있다.

하루 한 줄 인문학 Q&A Diary

1판 1쇄 인쇄 2021년 10월 13일
1판 1쇄 발행 2021년 10월 28일

지은이 김종원
펴낸이 고병욱

책임편집 이미현 **기획편집** 이새봄
마케팅 이일권 김윤성 김도연 김재욱 이애주 오정민
디자인 공희 진미나 백은주 **외서기획** 이슬
제작 김기창 **관리** 주동은 조재언 **총무** 문준기 노재경 송민진

펴낸곳 청림출판(주)
등록 제1989-000026호

본사 06048 서울시 강남구 도산대로 38길 11 청림출판(주) (논현동 63)
제2사옥 10881 경기도 파주시 회동길 173 청림아트스페이스 (문발동 518-6)
전화 02-546-4341 **팩스** 02-546-8053
홈페이지 www.chungrim.com **이메일** life@chungrim.com
블로그 blog.naver.com/chungrimlife **페이스북** www.facebook.com/chungrimlife

ⓒ 김종원, 2021

ISBN 979-11-88700-90-5 (13590)

※ 이 책은 저작권법에 따라 보호를 받는 저작물이므로 무단 전재와 무단 복제를 금합니다.
※ 책값은 뒤표지에 있습니다. 잘못된 책은 구입하신 서점에서 바꾸어 드립니다.
※ 청림Life는 청림출판(주)의 논픽션·실용도서 전문 브랜드입니다.